実はそんなに怖くない！

ラクラク
年金生活入門

家計再生コンサルタント
ファイナンシャルプランナー
横山光昭

Discover
ディスカヴァー

はじめに　老後はそんなに怖くない！

はじめまして。家計再生コンサルタントでファイナンシャルプランナーの横山光昭です。

おもに赤字家計や貯金ゼロ家計を「消費《ショー》・浪費《ロー》・投資《トー》」の横山式90日間貯金プログラムで再生・支援することを仕事にしています。

これまで9000人以上の方々の家計を再生させてきました。

みなさん最初はやりくりできなくても、どれほどたくさん借金があっても、きちんと再生し、貯金上手に生まれ変わっていらっしゃいます。

今でこそ家計再生を請け負う仕事をしていますが、私自身、借金を重ねたお金の問題児だった過去があります。
失敗しながらチャレンジを繰り返して現在に至っているため、みなさんの家計が再生し、ひいては人生自体が再生していくさまを一緒に味わうことができて、しみじみと幸せを実感しています。

最近は「下流老人」や「老後破綻」といったキーワードが世の中にあふれていますね。まっとうに暮らしていても一寸先（の老後）は闇、といった不安や恐怖にとらわれている方も多いことでしょう。
その影響もあって、「老後のお金」について相談に来られる方もずいぶんと増えてきました。実際、多くの方々の「老後」に対するイメージはネガティブなものばかりです。

たとえば、次のように。

□貯金がないけれど年金だけで生活していけないのですよね……

□病気になったら治療費や入院費は払えるのかな

□民間老人ホームは高いし、行き場がなくなったらどうしよう

□年金ってこれからどんどん減らされるのでしょうか？

□食費を切り詰めて娯楽もいっさいナシの生活なんて耐えられる？

先行き不透明な時代ですから、やっぱり不安ですよね。そのたびに、私はこのようにご提案しています。

「もちろん、お金は大事です。お金がないと生きていけませんからね。でも、不安がる前に、現実的に何が不安なのか、どうすれば解決できるのか、を一緒に考えませんか。それが怖くなくなるコツですよ」と。

ただ受け身で「怖い怖い」とおびえるのではなく、ではどうすればいいか、と問題から目をそらさずに建設的に考えていきましょう。

本書では、お金はもちろん、それにともなうさまざまな観点から、楽しい老後生活をご提案していきたいと思います。

1章では現在と将来の家計の把握を、2章では老後のお金の作り方を、3章では年金生活のやりくり術を、そして4章ではシニア版90日間年金生活プログラムをご紹介しています。

老後の家計やりくり術は、現役時代の「消費・浪費・投資」の黄金比とはまた異なるのです。かねがね、ぜひお伝えしたいと思っていましたが、本書で初公開します。

5章以降では、仕事と生きがい、健康と介護、保険など、老後と切り離せないテーマについてお話ししたいと思います。

誰にでも訪れる老後という時期を過剰におびえるのではなく、むしろ楽しんでやろう！　というような心持ちで過ごしてみませんか。
本書を読んで、「怖くない老後」を私と一緒に作っていきましょう。

横山光昭

はじめに
老後はそんなに怖くない！ 1

1章 老後が心配なのはなぜ？
不安が消える6ステップ

老後が不安な人がまずやるべき6ステップ 14
1 年金の受給見込額を知っておこう 20
2 今の家計の収支をチェックしてみよう 26
3 貯金や住宅ローン等の総資産を把握しよう 28
4 老後生活の家計を予想してみよう 31
5 年金以外の収入可能性を考えてみよう 34
6 どんな老後にしたいかイメージしてみよう 37

2章 本当はどれくらい必要？ 老後資金の作り方

国民年金と厚生年金の仕組みを理解しよう 44
老後に必要なお金って本当はどれくらい？ 49
1 コツコツ貯金が最短ルート 56
2 確定拠出年金に注目！ 62
3 あなどれないＮＩＳＡ効果 67
コラム1 子ども版ＮＩＳＡは学資保険よりおトク 69
4 個人年金保険は使える？ 71
5 おトクな財形年金貯蓄 75
6 自宅を担保にお金を借りるリバースモーゲージ 81
7 できるだけ長く働き続ける 86
コラム2 年金受給開始が70歳に引き上げられる？ 92

3章　年金生活やりくりテクニック　実践編

1　消・浪・投の黄金比とは？　96
2　赤字家計を悲観しない　102
3　特別支出の乗り切り方　107
4　年金はひと月単位で考えよう　110
5　食費の支出は週で管理を　113
6　浪費財布を持とう　116
7　衝動買いをやめられる方法　118
8　楽しみをあきらめない　121
9　現金主義でいこう　124
10　お金のマイ・ルールを持つ　129

4章
たった90日間で大変身！
年金生活プログラム

豊かで楽しい老後を作るプログラムを初公開 132
90日間年金生活プログラム　プロフィールを作ろう 134
90日間年金生活プログラムの上手な進め方 138
気をつけて！シニア版ムダ支出ワースト5とは？ 147
コラム3　家計簿こそ、年金生活のおたすけツール！ 151

5章
一生現役！働いて
お金と生きがいの一石二鳥

細く長く働き続けよう　老後はいつまで働ける？ 156
60～65歳まで無収入？老後の働き方3パターン 163
老後に働くと年金が減らされるってホント？ 171

定年退職後でも失業手当をもらう方法 177
生きがいづくりが実は節約につながる 181
理想的な老後の過ごし方とは？ 184
コラム4　年をとっても働くことで毎日いきいき 188

6章
誰もが避けては通れない！
老後の健康と介護

健康維持が老後資金のカギとなる 196
予防しつつも病気や不調とつきあいながら生きる 204
家族や自分の介護費用について知っておくべきこと 207

7章
意外な落とし穴
生命保険の払いすぎに気をつけて

生命保険の良し悪しがわからないというあなたへ 218

生命保険には入るべき？ 保険と貯蓄の違いとは？ 226
生命保険の3つの役割　自分に何が必要か考えよう 228
死亡・医療・貯蓄が1つにまとまった保険がおトク？ 235
終身・定期・養老保険の仕組みを理解しよう 238
病気でも加入できる生命保険はおトク？ 244
コラム5　保険ショップの無料相談にはご用心 245

巻末特別ページ
公的サービス使いこなしガイド 247

おわりに
楽しい老後を送るために 254

1章 老後が心配なのはなぜ？ 不安が消える6ステップ

老後が不安な人がまずやるべき6ステップ

家計相談の現場でも、

「老後が不安でたまりません」
「これから年金受給額がさらに減るというし、路頭に迷わずに暮らしていけるでしょうか。心配です」

こんなお声をよく聞きます。

まるで「老後の生活＝不安・心配・恐怖」がセットになっているかのようです

ね。

たしかに「下流老人」とか「年金減額」とか「老後破綻」とか恐ろしい言葉が飛び交っていますから心配になるのもムリもないでしょう。

でも、そういう人に限って、自分の老後生活にいくら必要か、自分が年金をいくらもらえるのか、見当もつかないということが多いのです。

では、ここで質問です。

みなさん、「ねんきん定期便」を見たことはありますか？

ねんきん定期便とは、公的年金の保険料納付実績や将来受給できる年金額の見込みなど年金に関わる個人情報が、国民年金・厚生年金保険の被保険者に郵送されてくる通知書のことです。

毎年1回、自分の誕生月に送られてきます。

これさえ見れば、自分が受け取る年金の見込額がわかります。

毎年送られてくるのはなんとなく知っているけれど、でもちゃんと見たことがない、見ても忘れてしまって見込額をきちんと把握していない、という方が非常に多いのが実状です。


あわせて老後を考えるときに知っておく必要があるのは、現在の家計の収入と支出、貯金額を含めた資産です。

年金以外の収入の見込みや、理想的な老後生活のためにはいくら必要なのか？ということも見据えておきたいものです。

そこで、老後が不安という方に、まずやっていただきたいのが次のステップです。

ステップ1　年金受給見込額を知っておく

ステップ2　今の家計の収支をチェックしてみる

ステップ3　総資産を把握する（貯金や住宅ローンなども含めて）

ステップ4　老後生活の家計を予想する

ステップ5　年金以外の収入可能性を考えてみる

ステップ6　どんな老後にしたいかイメージしてみる

まず、このステップ1～6をおこなうだけで、漠然とした老後への不安や恐怖は半減します。

わからないから不安なのであって、わかってしまえば恐るるに足らず。わかったうえで対処法を考えることが一番の解決策です。

メディアが作り上げた「老後には5000万円以上は必要」などという情報に振り回されて、不安になる人も多いと思いますが、老後の必要金額は人それぞれです。

どうか、あいまいな情報に踊らされないでください。

他の人ではなく、自分は老後にいくら必要なのか。
現状を正しく把握し、変化を起こす。
そして、行動する。
これが幸せな老後生活への一番の近道なのです。

では、私といっしょにステップ1〜6を進めていきましょう。

ステップ1

年金の受給見込額を知っておこう

15ページでふれたように、まずは「ねんきん定期便」をチェックしてみましょう。日本年金機構から国民年金および厚生年金保険の加入者（被保険者）に、毎年1回、誕生月に郵送で届きます。

どんなことが確認できるかというと、次のとおりです。

50歳未満の方

- これまでの年金加入期間
- これまでの加入実績に応じた年金額
- これまでの保険料納付額

・最近の月別状況

50歳以上の方

・これまでの年金加入期間

・老齢年金の年金見込額（すでに老齢年金を受給している場合はなし）

・これまでの保険料納付額

・最近の月別状況

えっ？　うっかり捨ててしまってねんきん定期便が見つからない？　来年の誕生月まで待つしかない？　いいえ、大丈夫です。そんな方のためにインターネットでも確認できます。

それが、「ねんきんネット」です。

ねんきんネット　http://www.nenkin.go.jp/n_net/

自宅や外出先で年金記録が確認できる、日本年金機構のサービスです。「ねんきん定期便」とは違い、最新データへ365日24時間、いつでもパソコンやスマートフォンからアクセスできるのが特徴です。「ねんきん定期便」に記載されている「アクセスキー」があれば、その日のうちに利用できます。

とはいえ「ねんきん定期便」自体、捨ててしまって見つからないという方もいらっしゃるでしょう。でも、安心してください。「アクセスキー」がなくても、ユーザID発行の申込みをネットからおこなえば、アクセス情報が1週間ほどで自宅に郵送されてきます。

このアクセス情報を使ってログインすれば、いつでも自分の年金記録を確認できます。年金見込み額試算サービスでは、将来の年金額をシミュレーションすることもできて非常に便利です。

日本年金機構の「ねんきんネット」

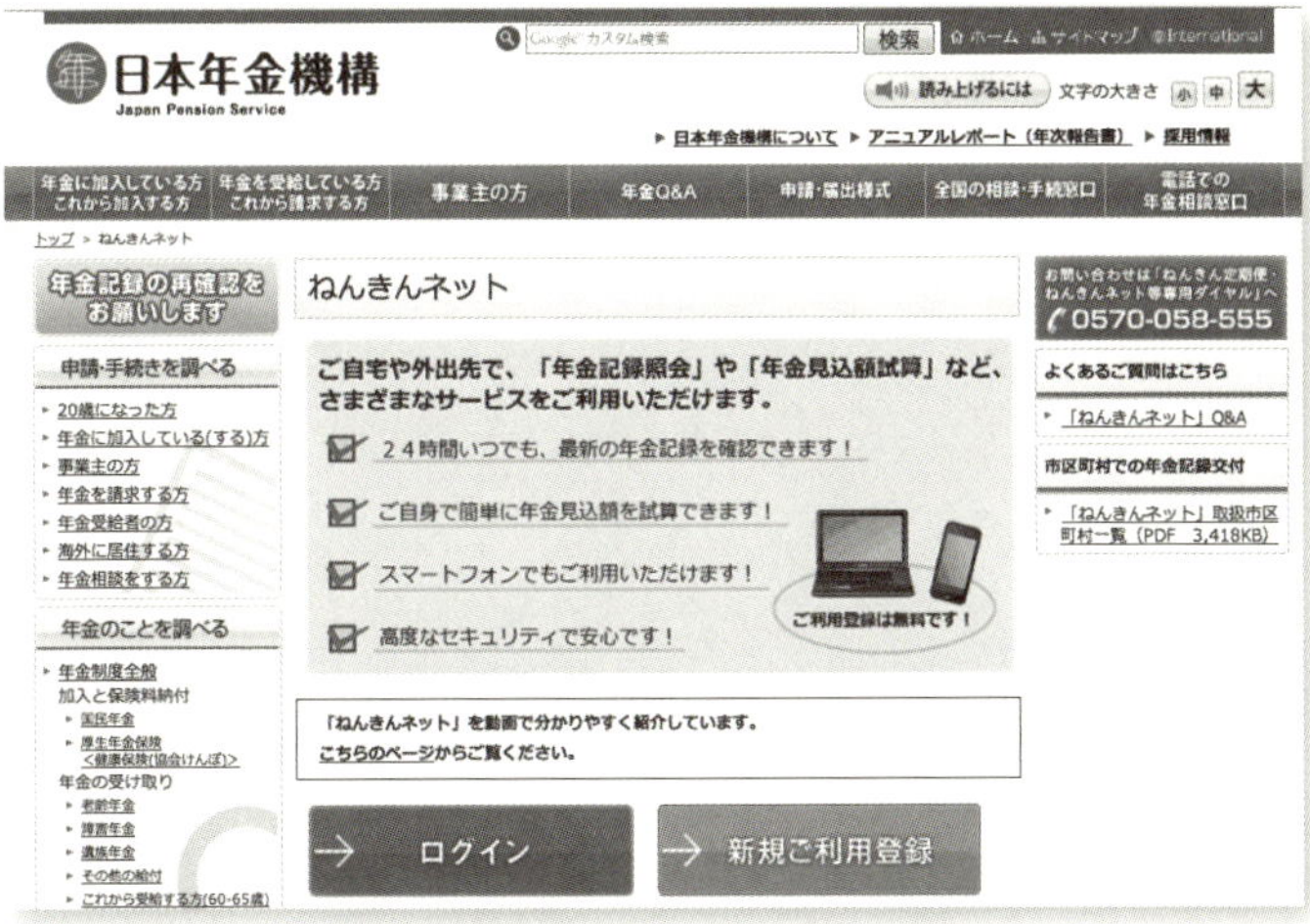

パソコンやスマートフォンでいつでも確認できるのでとても便利です。ねんきん定期便に記載されている ID を入力するとログインできます。

さて、いかがでしたでしょうか？

次のページにご自分の年金受給見込額を書き出してみてください。ご夫婦の場合はおふたりの合算金額を書いてくださいね。

ですが、くれぐれもこの段階で、「まだこれしかもらえない！」とか「少ない、どうしよう」とかいう判断をしないでください。

まずは、淡々と金額を把握するだけでＯＫです。

この数字は年金加入期間にもよりますし、今後の支払額によっても変わってきます。

つまり、加入期間が長くなる（長く働けば働く）ほど増え、収入が上がり支払額が増えるほど多くなります。

あくまで現時点での見込額を把握することが大切なのです。

これまでの加入実績に応じた年金額（年額）

①国民年金（老齢基礎年金） 円

②厚生年金保険（老齢厚生年金）

一般厚生年金被保険者期間 円

公務員厚生年金被保険者期間
（国家公務員・地方公務員） 円

私学共済厚生年金被保険者期間
（私立学校の教職員） 円

年金受給見込額（①と②の合計） 円

ひと月あたりの年金受給見込額 円

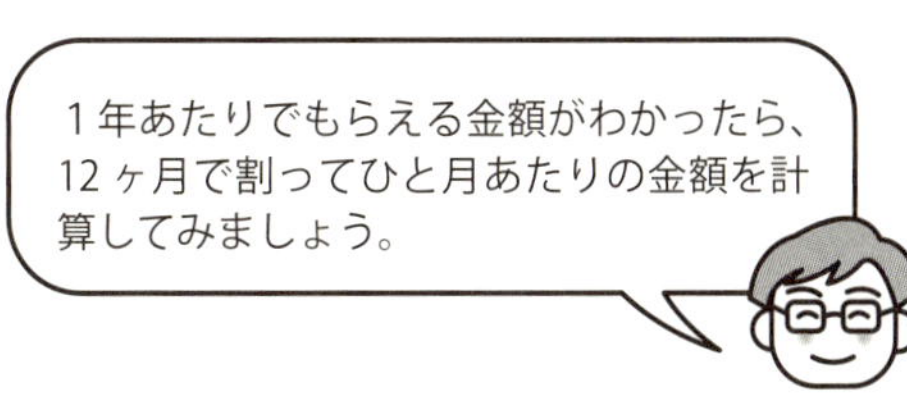
１年あたりでもらえる金額がわかったら、12ヶ月で割ってひと月あたりの金額を計算してみましょう。

ステップ2

今の家計の収支をチェックしてみよう

さあ、次にやるのはあなたの（あなたの家庭の）家計状況の把握です。

毎月いくら収入があって、いくら使っているのか。赤字なのか、貯金に回せているのか。はたして本当にわかっていますか？

次のページにご自分の家計の収支を書き出してみましょう。

あらためて振り返ると、光熱費にこんなにかかっているのか、とか毎月ギリギリだなあ、とか意外なことに気づいたりもしますね。

家賃が高いと思っていたけれど、実は通信費が大きな割合を占めている、など思い込みによるかん違いも書き出すことで直面せざるをえません。

あなたの今の家計状況

家族の人数＝　　　　　人

ひと月あたりの収入　　　　円

ひと月あたりの支出

食費	円
水道高熱費	円
通信費（スマホ料金など）	円
保険医療費	円
住居費（家賃・住宅ローン）	円
教育費	円
交通費	円
交際費	円
被服費	円
雑貨費	円
娯楽費	円
貯金	円
その他	円

支出合計　　　　円

だいたいの感覚がつかめればいいので、
ざっくりでOKですよ。

ステップ

3

貯金や住宅ローン等の総資産を把握しよう

メディアでは「幸せな老後には最低でも5000万円は必要です」とか「ゆとりある老後には1億円の貯金を準備」などとまことしやかに言われていますが、現時点でのあなたの貯金状況はいかがでしょうか？

今、たくさんなくてもあせらないでください。大多数の人がそうなんですから。豊富な老後資金のある方なんてほんの一握りです。

そして貯金だけでなく、住宅ローンや車のローンなど「借金」についても把握しておきましょう。

ご夫婦の場合は、二人あわせて貯金がいくらあるのかを把握しておくことが大

今の状況と65歳時の状況を比べてみよう

現在の貯金額	円
現在の借金額	円

65歳時の予想貯金額	円
65歳時の予想借金額	円

切です。

ちなみに共働きのご家庭でよくあるのが、お互いの貯金額を把握していないというケース。

相手がたくさん貯めていると思っていたのに全然なかった！　とか、まさか私の知らないうちに借金があったとは！　などなど、のちのちトラブルになりますので、これを機にお互いの貯金額をオープンにしておきましょう。

老後はある意味で現役時代よりも夫婦の結束が必要とされる、というのが私の持論です。

金銭的にも精神的にも肉体的にも、夫婦の結束でピンチを乗り切る、いや乗り切らざるをえないシーンが増えてきます。

いわば人生の山谷を乗り越える戦友、同志といっても過言ではないでしょう。

人生を乗り切る軍資金ですから、日頃のコミュニケーションを増やして家計についてもオープンに話し合っておくことがおすすめです。

ステップ

4 老後生活の家計を予想してみよう

さて、ステップ1〜3でさまざまな数字を確認してきましたが、いよいよ老後生活の家計を予想してみましょう。

年金を○○円もらえるとして、老後の住居費や水道光熱費などを算出してみてください。あくまで予想ですから、ざっくりとでけっこうです。

年金生活になったからといって、ある程度ゼイタクをやめたとしても、生活するのにかかるお金は実はさほど変わらないのです。

逆に、現在住宅ローンを払っていて老後には払い終わる予定という方は、その分の出費が減りますよね。

ここでも足りないとか、少なすぎるとかいう判断は脇に置いて、淡々と数字を書き込んでみてください。

大事なのは自分なりに予想することです。ただ漠然と不安に思うのではなく、予想することで、より具体的に「自分の年金生活」が実感をともなってきます。

ここを減らさなくてはやっていけないな、こうすれば乗り切れそうだ、と現実的な感想を持つことが大切です。

65歳になったときの予想家計状況

家族の人数＝　　　　　人

ひと月あたりの収入　　　　　円

ひと月あたりの支出

食費	円
水道高熱費	円
通信費（スマホ料金など）	円
保険医療費	円
住居費（家賃・住宅ローン）	円
教育費	円
交通費	円
交際費	円
被服費	円
雑貨費	円
娯楽費	円
貯金	円
その他	円

支出合計　　　　　円

収入は減っても、子どもが独立して生活費が減り、教育費がかからなくなったり、住宅ローンを払い終わっていたり、と状況が変わっていますよね。

ステップ5

年金以外の収入可能性を考えてみよう

ここまでで受給見込みの年金額が意外と少ないとあせった方、老後に回せる貯金がそんなにないとわかったという方もいらっしゃることでしょう。

では、年金以外の収入可能性を考えてみましょう。たとえば、次のように。

老後の収入可能性

- アルバイトでも嘱託でも働く
- (親の遺産や今の貯金を)少しずつでも資産運用する
- 今は誰も住んでいない実家を人に貸す、あるいは駐車場にする
- 使っていないものをオークションなどで売る

老後の収入可能性と予想金額

例：共働きの息子夫婦のため月４回孫の世話をする　　２万円

- 　円
- 　円
- 　円
- 　円
- 　円

小さなことでいいのでできそうなことを書き出してみましょう。オークションサイトで不要品を売ったり、趣味の手芸品を手作り雑貨サイトで販売したりしてもいいですね。

ほかにもあるかもしれませんね。どんな小額でもいいので収入につながるものはないか、考えてみてください。

たとえば、私は子どもが6人いるのですが、成人した彼女たちに、月に20000円ずつおこづかいをもらったら、1万2000円です！（笑）

収入可能性を考えることは、老後というものに能動的に向き合うことでもあります。年金を受け取るという受動的な姿勢だけでなく、主体的にお金を稼ぐという手段に取り組んでみると状況が変わってきます。

ステップ6
どんな老後にしたいかイメージしてみよう

年金や家計の金額の計算が続いて、少々世知がらい気分になってしまったでしょうか。でも、安心してください。このステップ6はもう少し楽しい作業です。

あなたはどんな老後を送りたいですか？

誰と、どこで、どんなふうに。仕事はしているのか、とかなるべく具体的にできるといいですね。

ここでは、ひとまずお金のことは気にせず、不安や心配も極力ほうっておいて好きなようにイメージしてみてください。

たとえば、私の場合。

65歳で今の仕事は引退しようかな。徹夜や出張も続くハードな仕事だったから、少しのんびりしたいです。奥さんといっしょに旅行でも行きたいと思っています。ですが、おそらく、仕事をしたくてうずうずしてきて、3ヶ月後には再開している可能性が高いですね。相談者さんたちといろいろおしゃべりをしながら家計を改善するのが楽しいんです。とはいえ、ペースはもう少し落として週4回勤務にしようか……。でも徹夜はもうしないぞ！

などと、今から思い描いています。

さあ、あなたも40～41ページで自由に思い描いてください。

老後について不安だ、怖いと漠然と思うことはあっても、自分がどんな老後を暮らしたいか具体的に考えたことはない方が非常に多いのです。

でも、実際には「逆算」が大事。

こんな老後を暮らしたいというイメージがあって、初めて準備をスタートできます。

想像するのにお金はかかりませんから、自由にイメージしてみてください。

このステップ1〜6を実践することで、老後の暮らしとお金について具体的なイメージを持つことができたと思います。そのうえで、老後資金の作り方や、実際のやりくり法について学んでいきましょう。

やりたいこと

これだけはやりたくないこと

どんな老後生活を送りたいですか？

誰といますか？　誰とつきあいますか？

どこに住みたいですか？

2章

本当はどれくらい必要？
老後資金の作り方

国民年金と厚生年金の仕組みを理解しよう

では、老後生活のベースとなる年金について理解しておきましょう。

国民年金や厚生（共済）年金の公的年金は、加入者からの保険料と国からの財政支出を財源として運営されています。

1 国民年金 日本在住の20歳以上60歳未満のすべての人が加入対象。65歳以上になると、死亡するまで受け取れる。ただし25年以上保険料を払っていることが条件。支払い期間の長さによって受給金額が変わってくる。

2 厚生年金

厚生年金に加入している民間企業の会社員（公務員と私立学校の教職員が加入する共済年金もこの厚生年金の一部）が対象。保険料は給与から自動的に天引きされる。国民年金の受給資格（25年以上支払い）があることが条件。収入が高いほど厚生年金の受給金額が増える。

一つずつ解説していきましょう。

まず国民年金は、年金のベースにあたります。自営業、サラリーマン、主婦など全員が加入するものです。保険料は定額で、収入がない学生でも20歳以上なら支払わなければなりません。

この国民年金が俗にいう「年金の1階部分」です。平成27年の時点でひと月あたりもらえる満額は6万5008円です。

この満額をもらうには40年間国民年金保険料を納める必要があります。満額をもらえるにはもう少し納めないと足りないという方、あるいは受給資格期間が不足しているという方には、ちょうどよい制度があります。

それが、60歳以上65歳未満の方が加入できる「高齢任意加入制度」です。

延長して国民年金に加入して保険料を納め、年金額を増額したり、受給資格を得ることができます（任意加入のため、ご自身で加入手続きが必要です。60歳の誕生日の1日前からでき、申し込み手続きをした月から加入となり、国民年金保険料を納めることができます）。

ただし消費税が10％に上がる際に、受給資格期間は25年が10年に短縮される予定です。期間が不足しているから、この制度を使わなくてはいけないという方は少なくなるでしょう。

サラリーマンや公務員などはこの国民年金のほかに「年金の2階部分」といわれる厚生（共済）年金部分が加算され、支給されます。

平成27年現在、平均的収入（42万８０００円・賞与を含む月額計算）だった夫婦の受給額は１階部分の金額を含めてひと月あたり22万１５０７円となっていま

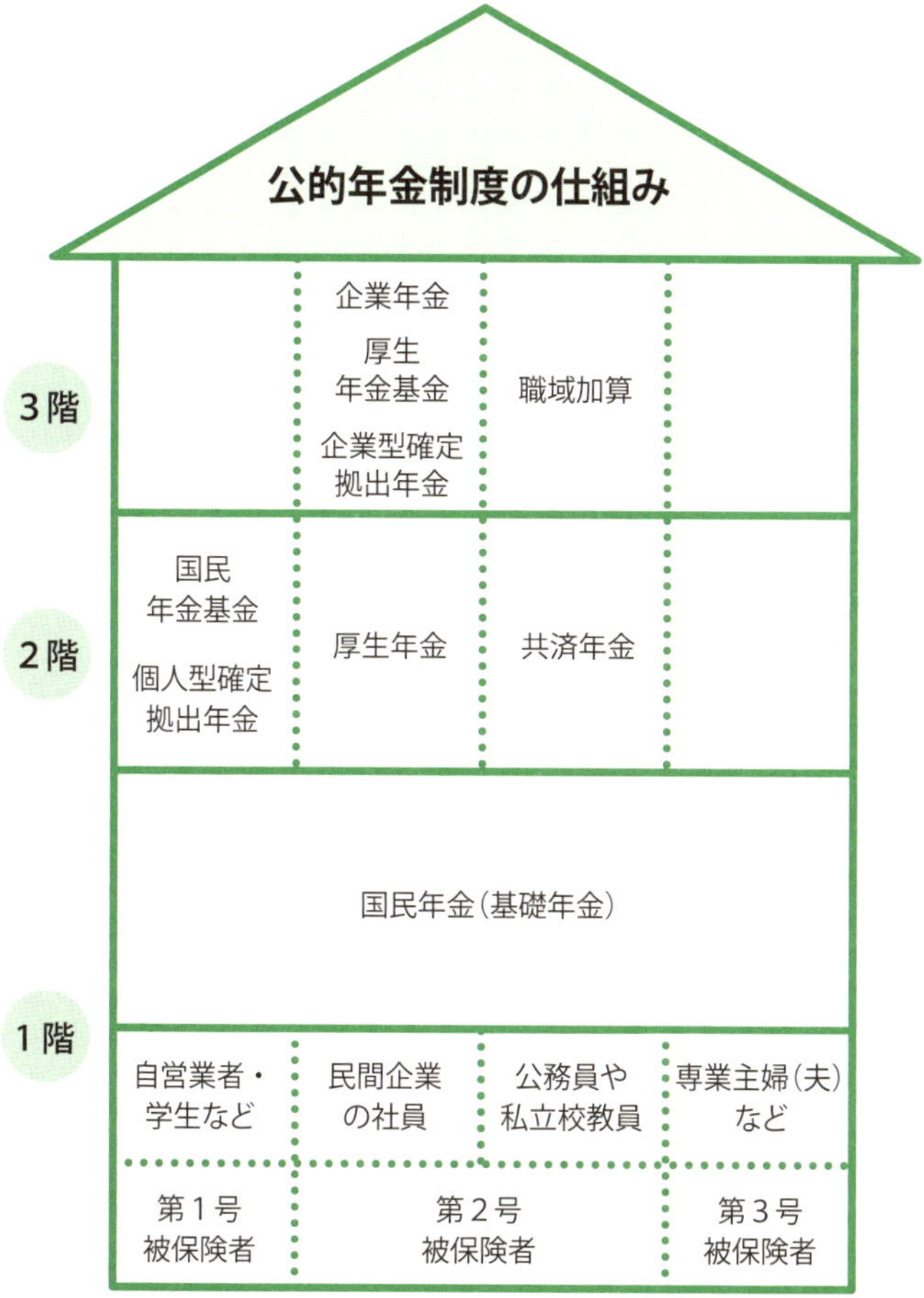
公的年金制度の仕組み
3階
企業年金
厚生
年金基金
企業型確定
拠出年金
職域加算
2階
国民
年金基金
個人型確定
拠出年金
厚生年金
共済年金
1階
国民年金（基礎年金）
自営業者・
学生など
民間企業
の社員
公務員や
私立校教員
専業主婦（夫）
など
第１号
被保険者
第２号
被保険者
第３号
被保険者

す。

となると受給する年金だけでは、事項でお話しする老後の平均生活費24万8541円には不足するのが普通です。とはいえ年金が支給されるか否かは、老後の生活に大きく影響します。蓄えるべき額が変わってきますからね。

＊平成27年10月より、厚生年金と共済年金が共通化されました。また、前述のとおり国民年金受給資格の加入年数が25年から10年に短縮されるなど、年金のあり方が少しずつ変わってきているのが現状です。これからも変わっていくことが予想されます。定期的に動向をチェックしていきましょう。

老後に必要なお金って本当はどれくらい？

国民年金と厚生年金の仕組みがわかったところで、老後にかかる生活費は実際いくら必要なのか、考えていきます。


最初に「老後」がどれくらい続くものなのか考えてみましょう。

日本人の平均寿命は、男性が約80歳、女性が約86歳。さすが長寿国家ですね。

ここではわかりやすくするためにだいたい80歳と考えるとして、厚生年金の場合を見てみましょう。

年金受給がスタートする65歳から80歳までの期間を夫婦二人で生活するとします。

総務省統計局の「家計調査」から、老後の生活費を見てみると（53ページ）、1か月にかかる夫婦生活費は26万8907円、1年間では322万6884円、15年間では4840万3260円が必要となる計算です。

●国民年金＋厚生年金を受給するケース

2014年の夫婦の平均年金受給額は月額20万7347円ですから、15年間で3732万2460円ほどの年金がもらえる予定です。

つまり、必要額－年金受給額＝差額1108万800円が足りなくなる計算です。

ただし、この金額は平均的な報酬と加入年数でもらえる金額なので、ご家庭によってはもらえる年金額が、実際にはこの20万7347円より低い場合も十分に予想できますね。

また夫が先に亡くなり、その後、妻が一人で90歳まで暮らすと仮定すると、必要となる生活費は1ヶ月で15万3723円。

90歳までの10年間では1844万6760円です。年金支給で1346万4840円はまかなえるので、年金だけでは498万1920円不足する計算です。

そのため、大ざっぱにいうと、500万円は余分に蓄えておくべきでしょう。

合計すると、老後の蓄えとしては、**最低の生活費でも1700万円ほど準備しておく必要があるといえます。**

他に医療・介護費、住居費、趣味・娯楽費なども想定すると、余裕のある生活にはプラス500～1000万円ほど用意したいところです。

●国民年金のみ受給するケース

では、国民年金のみ受給する場合はどうでしょうか。

国民年金は平成27年の支給額でひと月あたり一人6万5008円。昨年より6

高齢単身無職世帯の家計収支―2014年―

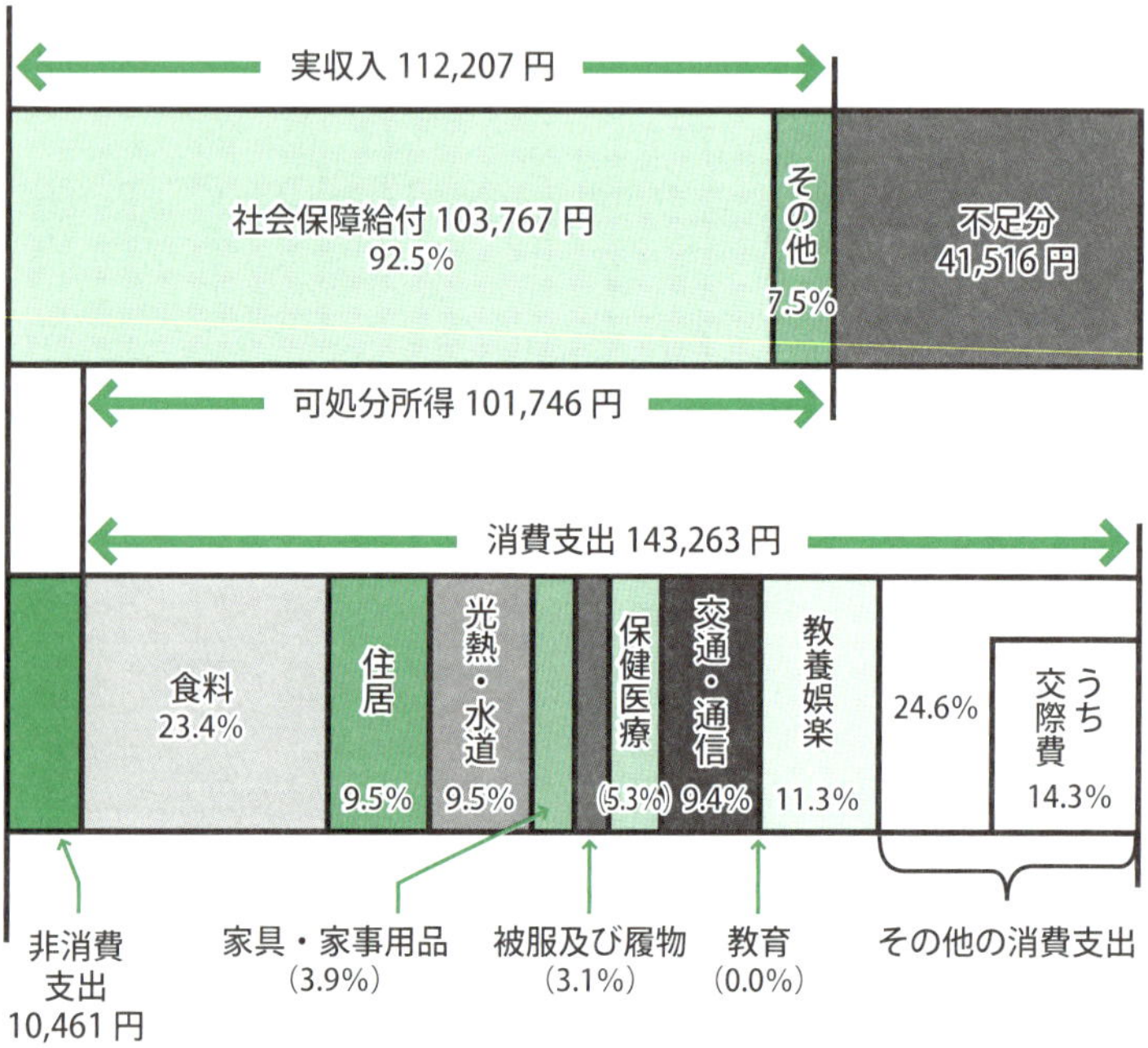

（注）1　高齢単身無職世帯とは、60歳以上の単身無職世帯である。

2　図中の「社会保障給付」及び「その他」の割合（%）は、実収入の内訳である。

3　図中の「食料」から「その他の消費支出」の割合（%）は、消費支出の内訳である。

総務省統計局 2014年「家計調査年報」より

高齢夫婦無職世帯の家計収支―2014年―

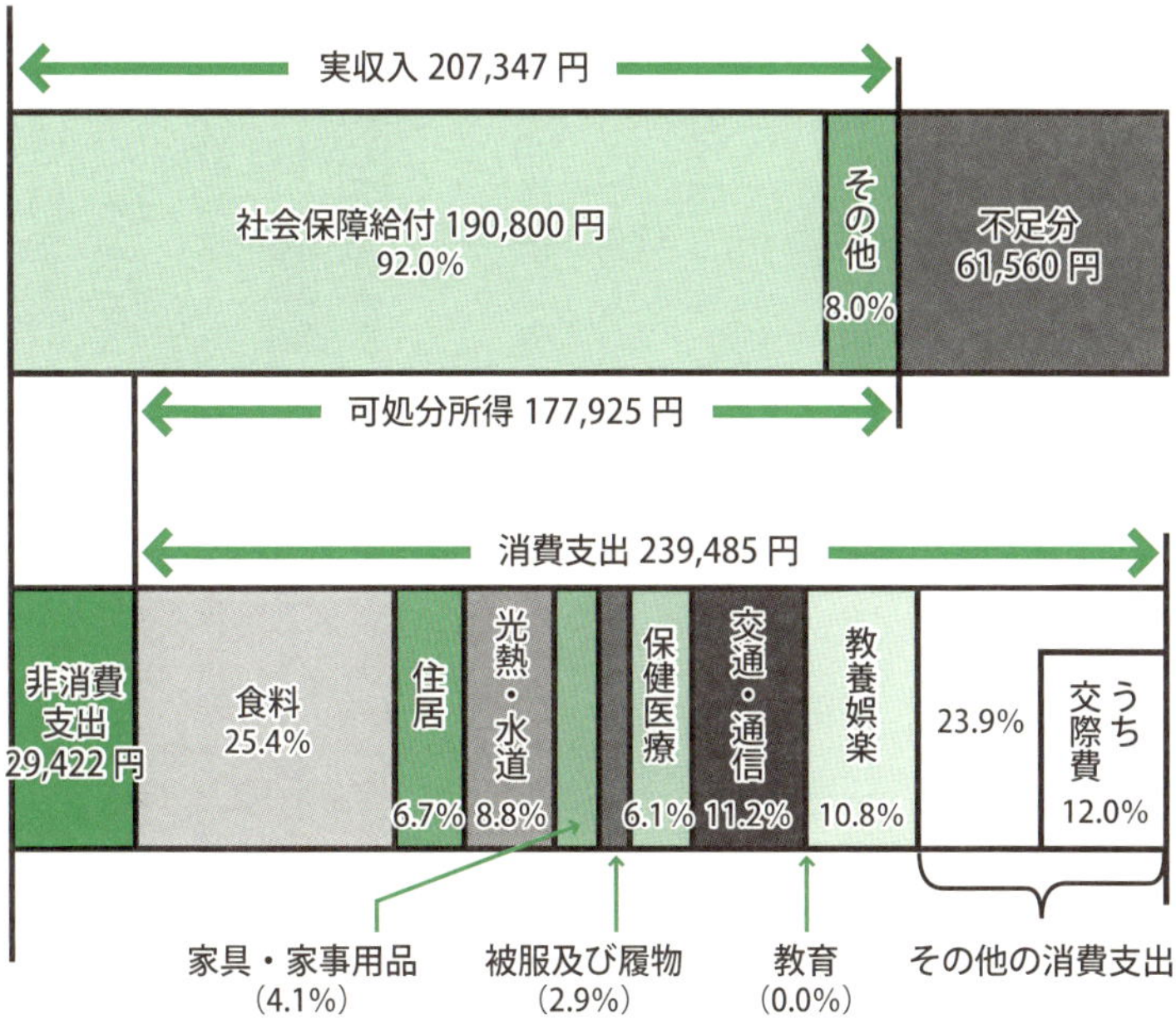

(注) 1 高齢夫婦無職世帯とは、夫66歳以上、妻60歳以上の夫婦のみの無職世帯である。

2 図中の「社会保障給付」及び「その他」の割合(%)は、実収入の内訳である。

3 図中の「食料」から「その他の消費支出」の割合(%)は、消費支出の内訳である。

608円高くなっています。

とはいっても、夫婦二人でもらえるのは13万16円です。

先ほどの厚生年金のケースと同じように計算すると、65歳から80歳までの夫婦二人暮らしの期間は、15年間で4840万3260円の生活費が必要であるのに対し、国民年金支給額は2340万2880円。2500万380円が不足する計算となります。

また、80歳から90歳まで奥さんが一人で暮らす場合も、月額の年金が6万5008円ですから、10年間でもらえる年金は780万960円。1766万5880円のお金が不足することになります。


大ざっぱにいうと、国民年金のみ受給する場合は、夫婦二人での生活で年金以外で2500万円、夫が先に死亡し妻が一人になってからは年金以外で1800万円、**合計4300万円の蓄えが最低でも必要な計算となるのです。**

まとめると次のようになります。

国民年金＋厚生年金の場合必要な貯金額：最低１７００万円（夫婦で）
国民年金のみの場合必要な貯金額：最低４３００万円（夫婦で）

いずれにしても大金ですよね。
このような金額をどのように蓄えていけばよいのでしょうか。
次項から詳しくお話ししていきましょう。

老後資金の作り方1
コツコツ貯金が最短ルート

老後資金の作り方として、もちろん王道なのが「貯金」です。

収入額の大小にかかわらず、やはりベースとなるのは「貯金」です。

ご存じの方もいらっしゃるかもしれませんが、私の持論の3つのモノサシ、すなわちショー・ロー・トー理論では、次のような比率を提唱しています。

消費《ショー》・浪費《ロー》・投資《トー》＝「70：5：25」

詳しくは拙著『年収200万円からの貯金生活宣言』をご覧いただきたいのですが、ざっくり説明しますと次のようになります。

・**消費** 生活に必要なものの購入にかかるお金。食費や日用品、家賃、水道光熱費、医療費、教育費、交通費、おこづかいなど。支出の大部分を占める。

・**浪費** 生活に必要ではないもの。生産性のない使い方をするお金。いわゆるムダづかい。嗜好品（タバコやお酒、コーヒーなど）、程度を超えた買い物やギャンブルなど。

・**投資** 将来につながる有効な、生産性の高い使い方。貯金や資産運用もこの投資に含まれる。書籍や資格試験代、セミナー参加費なども。消費との区別が必要。

この割合をしっかり守っていただければ、そんなにケチケチせずとも家計は黒字となり、順調に貯金も作っていけます。

では、この「投資」の中からどれくらいを老後資金用に作っていけばよいで

消費・浪費・投資の理想割合

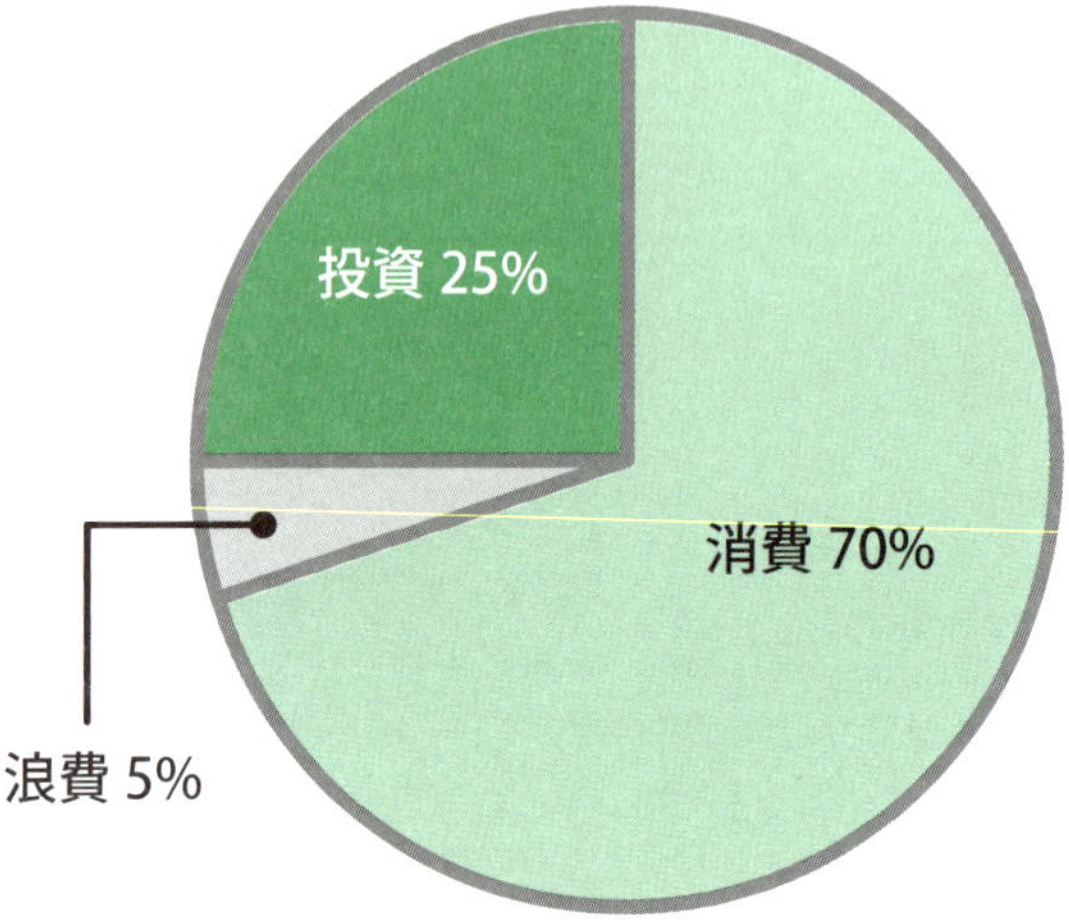
投資 25%
消費 70%
浪費 5%

消費：食費や日用品、家賃、水道光熱費、医療費、教育費、交通費、おこづかいなど。

浪費：嗜好品（タバコやお酒、コーヒーなど）程度を超えた買い物やギャンブルなど

投資：書籍や資格試験代、セミナー参加費など。貯金や資産運用費用も含まれる

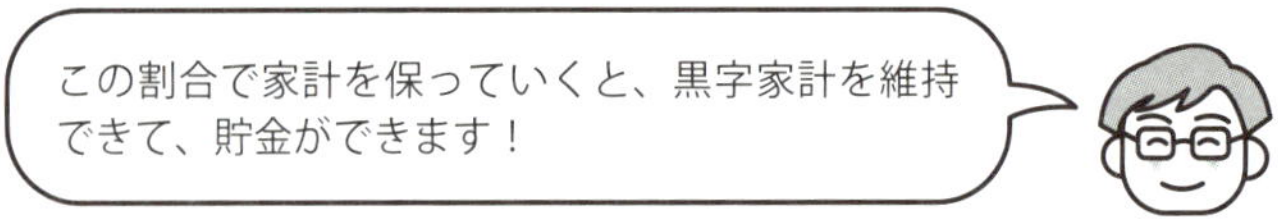
この割合で家計を保っていくと、黒字家計を維持できて、貯金ができます！

しょうか？　気になるところです。

ところで、世の中を覆っている「老後の不安病」は非常に大きいですね。最近は20代、30代といった若い世代の方から「いったいいくら貯めておけばいいんですか？」と質問をいただきます。

若い世代になればなるほど現在より年金が減っていくおそれがあるのですから、その不安も当然でしょう。

でも、残念ながら「老後に必要なのは◎◎円です！」とはっきり言い切れないのです。

若いのか中高年なのかという世代によっても、持ち家があるのか老後は実家に戻る予定があるのかという個人の抱える事情によっても、大きく違ってきてしまいますし、ご心配のとおり、将来の年金額もいくらになるのか不確定ですからね。

ですが、何の目安もないというわけではありません。

私が、どんな世代の方にも共通して申し上げているのが、「月収の16・7%」を貯め続けていただきたいということ。

ただし、「月収の16・7%」＝そのまま老後資金として貯めるというわけではありません。そこは年代によって柔軟に変えていってください。

たとえば20代であれば、16・7%を老後資金として貯める必要はありません。かなえたい夢や旅行、欲しいもののために貯金すればOK。

それから、子育て中の方であれば進学時期は費用がかかり、貯められない時期もあるでしょう。そのようなときはムリに16・7%をキープしなくてもけっこうです。その代わり、貯められる時期・余裕のある時期には積極的に貯金をしてください。

ちなみに、独身でまだ実家に住んでいる社会人の方は、16・7%どころか、もっと貯められますよね。

さらに言えば、60代になってもまだ働いている方、収入に余裕のある方は、「月収の16・7％」を使わずにとっておきましょう。

要は、長い目で見て、平均「月収の16・7％」を貯金に回していきましょう。

具体的には、次の3段階で着実に貯めていきましょう。

第1目標　月収の1・5ヶ月分を貯める

第2目標　月収の6ヶ月分を貯める（この貯金は取り崩さずとっておく）

第3目標　月収の6ヶ月以上の貯金については、老後資金としてとっておく（低リスクの資産運用で増やしていくのもOK）

老後資金の作り方2
確定拠出年金に注目！

老後資金は貯金がベースということはあくまで変わりません。

ただし、これからは、かぎりなく貯金に近い低リスクな資産運用については積極的におこなっていくべきではないかと私は思っています（詳しくは拙著『年収200万円からの投資生活宣言』をご参照ください）。

低リスクなので大きなリターンは望めませんが、この低金利時代、少しずつでも長い期間続けて投資をしていくことは不可欠といっていいでしょう。

それから、「節税」という観点でも見逃せません。

サラリーマンの方はとくに実感されていると思いますが、所得税・住民税として引かれる分は実はかなり大きいですよね。収入が増えない時代、節税は大きな収入源です。老後資金を作りながら、節税もできるならば、ダブルでおトクです。

そこで、ご紹介したいのは次の2つです。

1　確定拠出年金（DC）

2　小額投資非課税制度（NISA）

一つずつ、解説していきましょう。

1の確定拠出年金（DC）は、自分で年金を作るツールの一種。

毎月掛け金を積み立て、投資信託などで運用する仕組みです。国民年金を1階、厚生年金を2階と考えると、この確定拠出年金はいわば47ページの図で言うところの3階にあたります。

年金なので、60歳まで受け取ることはできません。受け取る年金額は、運用次第で変わるためリスクもありますが、うまく運用すれば増えることもあります。

この確定拠出年金には、次のように企業型と個人型の2種が存在します。

1　企業型　掛け金の全額を企業が負担（経理上は損金で処理）。

2　個人型　掛け金を自分で負担。ただし、所属控除の対象となるため所得税・住民税といった個人の税金が安くなり節税効果がある。積み立てて運用している間は運用益にも税金がかからない。

企業に負担がかかるため企業型確定拠出年金をおこなっている企業は、まだそう多くありません。お勤めの方はまず勤務先の担当部署（人事部など）に問い合わせてみてください。

一方、自営業の方や勤務先が企業型確定拠出年金を導入していないという方が、

個人型確定拠出年金のメリットとデメリット

メリット

- 心もとない年金に上乗せする資金を準備できる
- 掛け金全額が所得控除の対象となるので、
  所得税・住民税を安くできる節税効果がある
- 運用次第では受取金額を大幅に増やせる
- 年金で受け取る際も公的年金控除が適用され
  節税効果がある
- 職が変わっても資産の持ち運びができる

デメリット

- 運用がうまくいかなければ受取金額が減るリスク
  もある
- 開設時と口座維持に手数料がかかる
- 厚生年金基金などの企業年金のある会社に転職
  すると、資格を失ってしまう

利用できるのが2の個人型確定拠出年金です。

銀行や証券会社など、個人型確定拠出年金を扱っている金融機関での申し込みが必要となります。

企業型と異なり、掛け金を自分で負担するのですが、所得税控除の対象となるため節税効果もあり、おすすめです。

ただし、自分で運用するためうまくいけば多く受け取ることができますが、運用が不調であった場合、受取金額が減ってしまうリスクもあります。

なお掛け金の上限額は、自営業者で月額6万8000円。サラリーマンでは月額2万3000円です。

老後資金の作り方3 あなどれないNISA効果

2014年1月にスタートしたNISA（小額投資非課税制度）をご存じでしょうか？

証券会社や銀行の新聞広告やCMでご覧になった方も多いでしょう。

個人投資家の増加を狙いとして、年間100万円まで、株や投信などのリスク商品の「配当・譲渡益」などが5年間非課税になる制度として始まりました。

一般の口座では利益に対し20・315％の税金がかかるので、小額投資家にとってはおトクな制度です。

2016年から、非課税枠は120万円に増額されています。20歳以上なら誰でも1口座まで開設できます。

NISA を使うと、こんなにおトク！

ヒロコさんとトモミさんはそれぞれ投資信託を使って、
120 万円を利回り３％で運用しました。

↓

すると５年間で 139 万 1000 円に増えました!
利益は 19 万 1000 円です。

NISA を使わないと
課税されてしまい、
利益は 15 万 2199 円

NISA を使うと
非課税なので
まるまる **19 万 1000 円**

ヒロコさん　　トモミさん

NISA での投資の上限額は年間 120 万円。５年間続けられるため最大 600 万円（120 万円 × 5 年間）まで NISA を利用すると、NISA を利用しない場合と比べてトータル 19 万 4005 円も差がつきます。

コラム 1

子ども版NISAは学資保険よりおトク

２０１６年4月からは、０歳から19歳までの子どもが利用できる子ども版ＮＩＳＡ（ジュニアＮＩＳＡ）が始まります。２０２３年までの時限的な制度です。

１月から口座開設が始まり、４月より運用開始。投資の上限は年間80万円まで5年間、非課税で運用することができます。

口座開設は一人１口座で、複数口座を持っていないことの確認にこれまでは住民票を使っていましたが、これからはマイナンバーが必要になります。

運用は親権者がおこない、子どもが18歳になるまでは払い出し制限があります。途中で払い出すと、課税対象となってしまいます。

18歳まで引き出せないという点から、大学・専門学校などの教育資金作りや計画的な生前贈与の手段として活用されていきそうです。

現状では、新規に投資できる期間は2016年～2023年までの8年間です。利用できるのは、20歳になるまでですが、20歳になる前に制度が終了してしまう場合には、「継続管理勘定」という口座へ移管することができ（毎年80万円が上限）、20歳になるまで非課税で保有することができます。

私は、手堅い運用をすれば学資保険より有効なのではないかと考えています。

老後資金作りではありませんが、お子さん、お孫さんのいる方にはぜひ知っておいていただきたい制度です。

老後資金の作り方4
個人年金保険は使える？

老後資金の作り方の一つとして「個人年金保険」を考える人も多いようです。

この個人年金はたして本当に老後資金作りに役立つでしょうか。実は大きな落とし穴でもあるのです。

まず、個人年金保険とはどんなものなのでしょうか？

個人年金保険とは、保険料を積み立て、将来年金として受け取ることができる、貯蓄型の保険です。

名称に「年金」とつきますが、受け取り方は「年金型」だけではなく、「一時金」も選べます。ただし、一時金の場合は年金でもらうより合計金額が少なくなります。

年金型も受け取り方は3タイプあり、「終身年金」「確定年金」「有期年金」があります。

1 終身年金 文字どおり一生、死ぬまで受け取ることができます。

2 確定年金 決められた一定期間(たとえば20年間)、たとえ途中で亡くなってもご家族が受け取れます。

3 有期年金 決められた一定期間(たとえば20年間)受け取れますが、亡くなった場合、それ以後支給されなくなります。ここが確定年金との違いです。

タイプによって掛け金は多少異なるのですが、個人年金の変遷を見ると、10年以上も前のバブル時代のころは、掛け金が少なく、そのうえ受け取り額は「掛け金＋掛け金以上の額」に増えました。つくづくよい時代でしたね……。

でも、最近は事情が変わっています。

「掛け金は当時の倍近く、増え方はごくわずか」が現実です。

しかも、掛け金の支払い中は常に元本割れしている状態ですので、途中解約すると損してしまいます。

というわけで、個人年金保険は老後資金をつくるためのメリットは実はあまりありません。まして50代くらいから始めるのは、絶対におすすめできません。

年末の生命保険控除で、税金面で多少役立つかもしれませんが、微々たるものです。それに期待し、新規加入しようと思う方は、考え直すべきだと私は思っています。

もしも、すでに加入していて「困った。どうしよう！」という方は、早まって解約することもやめてください。自己判断で解約する前に、専門家（保険の営業マンなど以外のファイナンシャルプランナー）に相談することをおすすめします。

昔は頼れた貯蓄型保険ですが、今は違います。

保険に貯蓄を頼るよりは、自分自身できちんと貯金を作り、それを運用して着実に増やしていくことを目指したほうが得策です。

老後資金の作り方5
おトクな財形年金貯蓄

お勤めの方は会社で「財形貯蓄」をやっているという方も多いのではないでしょうか？

毎月の給与から一定額が天引きされ、積み立てていく制度ですね。積み立て貯蓄の王道といっても過言ではないでしょう。

勤務先の企業がこの制度を導入していなければ入れませんが、かなり一般的な制度です。

基本的には、民間企業の社員、公務員、継続雇用が見込まれるパート・アルバイト社員が利用できます。逆に、自営業や経営者といった雇用側は加入できません。

財形貯蓄には、次の3つの種類があります。

1　一般財形貯蓄　**使用用途は問わない**

2　財形住宅貯蓄　**使用用途はマイホーム取得・リフォーム資金に限られる**

3　財形年金貯蓄　**使用用途は老後資金形成に限られる**

一般財形は積み立て貯蓄とあまり変わりませんが、財形住宅貯蓄はマイホーム取得やリフォーム資金、財形年金貯蓄は老後資金に使う場合に限り、利子等が非課税になります。

老後資金として注目すべきは、やはり「財形年金貯蓄」です。

積み立て期間は5年以上、一人1契約まで。55歳未満で加入することが条件です。払い出しは60歳以降で、5年以上20年間にわたって受け取りが可能。

	一般財形貯蓄	財形住宅貯蓄	財形年金貯蓄
特徴	給料天引きにより長期間にわたり定期的に積立		
目的	問わない	マイホーム取得・リフォーム資金	老後資金（年金）
契約できる年齢	年齢要件なし	開始時55歳未満	
契約できる数	複数可	1人1契約	
積立期間	3年以上	5年以上（ただし、マイホーム取得等の場合は、5年未満でも払出し可）	5年以上
非課税措置	非課税措置なし（利息に対して20%（※）課税）	元利合計550万円（保険型は払込累計額550万円）まで利子等は非課税）	元利合計550万円（保険型は払込累計額385万円）まで利子等は非課税）
目的外払出し	―	過去にさかのぼって課税	

※平成25年1月1日から平成49年12月31日までの25年間、所得税額に対して2.1%が追加的に課税されます（復興特別所得税）。

非課税にできる限度額は、２の財形住宅貯蓄とあわせて元利合計５５０万円までです。

普通の銀行預金にも一般財形貯蓄にも、利子に20・３１５％の源泉分離課税が課せられていますから、**非課税であることは老後資金を準備するにはメリットが大きいですね。**

逆に言うと、年金（老後資金）以外の用途で使ってしまうと、過去にさかのぼって課税されるので注意が必要です。

財形貯蓄には、定期預金、公社債投信などの「貯蓄型」と、財形年金積立保険などの「保険型」があります。

使用用途が老後資金以外になる「貯蓄型」は5年、「保険型」は積立開始時にさかのぼって課税されてしまうのです。

財形年金貯蓄について

- ★ 年齢：契約締結時に 55 歳未満であること
- ★ 積み立て期間：5 年以上
- ★ 受取り：満 60 歳以降、5 年以上 20 年以内に年金として受け取る。
- ★ 据置期間：積立満了日から年金支払開始まで 5 年以内
- ★ 預け入れ先：1 人 1 契約
- ★ 転職した場合の継続措置：転職後 2 年以内に転職先の事業主を通して申し出れば、転職先の財形年金貯蓄に移し替えることが可能。

着実に老後資金を貯められる方法ですが、まだ活用していない方が多いので、ぜひこの機会に検討しましょう！

たとえば、次のようなケースです。

定年退職後のサトルさん（61歳）。大がかりな家のリフォームをしたいからと、積み立てた財形年金貯蓄300万円をいっきに引き出そうとしました。ですが、使用用途が老後資金ではない、と過去5年間（60ヶ月）に発生した利息に課税されてしまうことが判明しました。

使用用途を限定せずに使えるという意味では、もちろん一般財形貯蓄が便利なのですが、利子非課税というメリットを得て確実に老後資金作りをおこないたいという人は、この財形年金貯蓄を活用することもよいと思います。

老後資金の作り方6
自宅を担保にお金を借りる
リバースモーゲージ

貯金や年金ではとうてい老後生活に足りないおそれがある。あるいは、現在すでに足りなくなっている、という方で、不動産をお持ちの方には、お金を捻出するために次のような手法もあります。

リバースモーゲージ　自宅や土地を担保にして自治体・銀行からお金を借り、死後に売却して借金を返す仕組み。月々の支払いは利息分だけ。借り入れたお金は担保に入れた自宅や土地を売却することで相殺します。

例をあげましょう。

千葉県郊外に住むヒロシさん（69歳）・トモコさん（67歳）ご夫婦。住まいは持ち家ですが、子どもはおらず相続で残す相手はいません。年金と貯金額が心もとないため、銀行に相談に行きました。すすめられたのはリバースモーゲージ。自宅を担保にお金を借りる制度です。査定してもらったところ、夫婦の持ち家の評価額は３０００万円。リバースモーゲージを利用すれば、その半分の１５００万円を老後資金にあてられるということになりました。メリットとデメリットを考慮して、検討中です。

アメリカでは一般的な制度ですが、日本では制度の複雑さや借りられるお金が多くない、などの理由からあまり普及していません。

次に述べるように、メリットだけでなくデメリットもあるので個人的にはあまりおすすめはしていませんが、このような方法もあるということだけご紹介しておきます。

メリット

・月々の返済は利息分だけでOK
・高齢者を対象としているので60歳を超えて利用できる
・貯金・年金が少ない場合、老後資金にあてることができる
・生活費の他、リフォーム資金、老人ホームなどの入居費用にあてられる
・相続で不動産を残す必要がない人には、資産をムダなく活用できる
・慣れ親しんだ我が家で最期まで暮らすことができる
・自宅の住宅ローンがまだ残っていて返済が老後生活を圧迫している場合、死後売却することを前提にその自宅を担保にお金を借りられるためローン

返済の負担が減る

・契約者が亡くなっても配偶者がいれば精算せず引き継げる

デメリット

・借りられる限度額が意外と少ない（不動産評価額の5～7割程度）

・契約の満期を超えて長生きしてしまった場合、住むところを失う

・契約期間中に担保物件の評価価値が下落した場合、借りられる金額が減ってしまう

・金利が上昇し、利息の支払いが増えることもある

・返済時に担保物件の売却価値が借入残高を下回る（担保割れ）ことがある

・借りた人が一括で差額を返済しなければならない

リバースモーゲージを扱っているのは一部の自治体や民間銀行です。各所によって、利用制限があったり利息も異なったりします。くれぐれも慎重な判断が

必要です。

また、リバースモーゲージという制度を利用するのではなく、「住み替え」という手段もあります。

子どもが独立し、一戸建ては広すぎると感じ、バスや車での移動が必要なエリアからアクセスのよい中心地に小さなマンションを買って移り住むという方々も増えてきています。

そのような選択肢のほうが、利用条件の複雑なリバースモーゲージより現実的かもしれません。

老後資金の作り方7
できるだけ長く働き続ける

この「できるだけ長く働き続ける」という提案は、老後が始まる前に準備しておくという類《たぐい》のものではありません（もちろん、準備できるのがベストですが）。文字どおり、老後がスタートしてから平行して資金を生みだしていく方法です。

正社員にせよ派遣社員にせよ、働くことで定期的な収入を得る現役世代と年金を受け取るシニア世代の大きな違いは、「稼ぐ」という要素です。

最近は60代、70代になっても元気なシニアが増えています。定年退職したからといって、働くのをやめてしまうのは惜しいことです。

とくに、ファイナンシャルプランナーの視点から見ても、現役世代のようなフルタイムでなくとも働くことで収入を得て、老後資金の減少を少しでも食い止めるということは非常に重要だと実感しています。

1章で、老後の収入可能性を考えていただきましたが、できうるかぎり働き、収入を得ることが年金生活のポイントです。

「シニア世代になったら、仕事は終わり。のんびりしたいんです」という方々も多いです。もちろん、それもいいでしょう。ですが、それが可能なのは潤沢な老後資金のある方だけです。

年金がさらに減ったり、受給開始年齢が先延ばしされるおそれのある状況では、収入が小額でも、ゆるい働き方でもいい、なんらかの形で収入を得るという気持ちを持ち続けていいたいものです。

働くことは必ずしも苦役ではありません。ストレスもありますが、多くの刺激や人間関係の構築も望めます。労働人口が減っていく日本社会においては、むしろ必須となっていくのではないでしょうか。

家計相談の現場経験からしても、私は今後「老後の就労」が年金生活を左右するカギと考えています。5章で詳しく解説したいと思います。

雇用者数の推移（全産業）

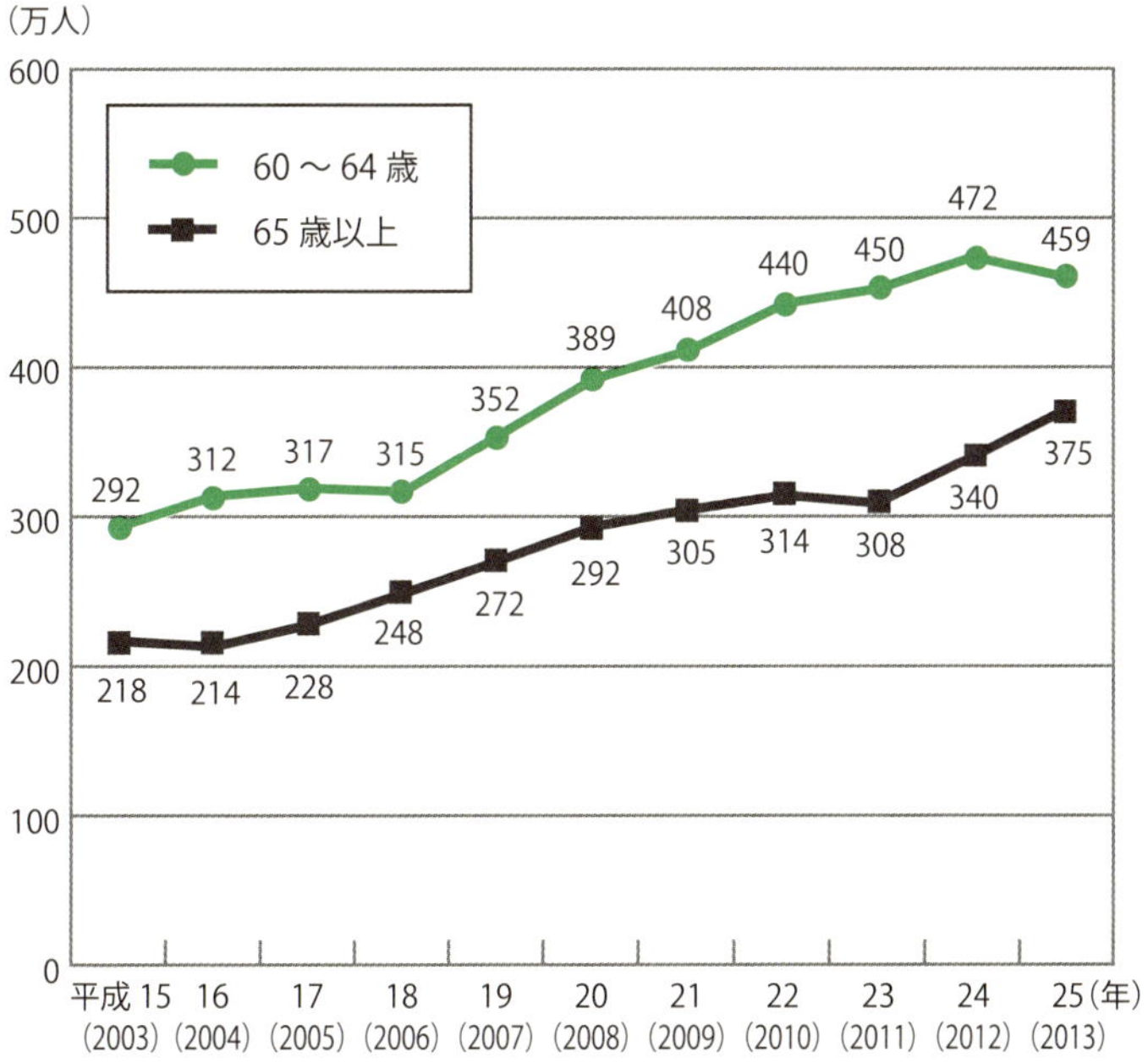

資料：総務省「労働力調査」
※平成23年は、岩手県、宮城県及び福島県を除く44都道府県の集計結果

平成25（2013）年時点で60～64歳の雇用者は459万人、65歳以上の雇用者は375万人となっており、65歳以上の雇用者は増加しています。

	作り方4 個人 年金保険	作り方5 財形年金 貯蓄	作り方6 リバース モーゲージ	作り方7 できるかぎり 長く 働き続ける
	×	○	×	○
	△	◎	×	○
	×	◎	×	○
	×	△ （55歳までに要加入）	×	○
	×	×	△	◎

NISA や確定拠出年金などの低リスクの投資は若いうちからスタートするほうが効果が高くなります。確定拠出年金は短期間の運用になると運用益がマイナスになることも多いので、50 代・60 代にはおすすめできません。

年代別おすすめの老後資金の作り方

	作り方1 貯金	作り方2 確定拠出年金（DC）	作り方3 小額投資非課税制度（NISA）
20代〜	◎	◎	○
30代〜	◎	◎	○
40代〜	◎	○	○
50代〜	◎	△	○
60代〜	◎	×	○

コラム 2

年金受給開始が70歳に引き上げられる？

年金の受給開始年齢が70歳からになる、あるいは75歳からになるのではないか、とまことしやかに言われています。

人口の多い団塊世代（1947〜1949年生まれ前後）がどんどん定年生活に突入していくわけですから、年金の財源が追いつかなくなります。したがって、受給開始年齢の引き上げが検討されるわけです。

もし受給開始が70歳になって60歳で定年退職が決まったら、そのあと10年間もいったいどうすれば？　という不安の声も多く聞かれます。

現在の公的年金の受け取り開始年齢は、国民年金・厚生年金ともに65歳です。厚生年金には「特別支給の老齢年金」として、報酬比例部分の年金が支給されます。ただし、これは年金支給開始年齢引き上げの暫定措置であるため、男性が２０２５年度、女性は２０３０年度までに段階的に65歳まで引き上げられる途中の状況です。

ただ、私自身は年金の繰り下げ（先延ばし）受給が可能というだけであって、実際には急にそこまで繰り下げにはならないと予想しています。

繰り下げ受給とは、年金を受給できる65歳になってもまだ受け取らず、たとえば68歳まで先延ばしにするということです。

もともと、この繰り下げ受給は生活資金に余裕のある富裕層の受給をできるだけ遅らせるのが目的ですからね。

私たち庶民がみな一律70歳や75歳で受給となるわけではありません。もしそうなったら大変です。

ただ、70歳までは繰り下がらないとしても、現状の「支給年齢65歳」が、67歳や68歳に引き上げられる可能性は十分にあります。

こういった受給開始年齢の引き上げは、実際にイギリスで65歳が68歳に、ドイツで65歳が67歳に引き上げる段階措置中にあり、現実的にありえるでしょう。

年金額も長期的見通しで減額し、「年金が現役世代収入の半分以下」になるケースも頻出する可能性も示されています。

いざ老後が始まってからあわてるのではなく、自分が年金を受給するときには何歳からいくらもらえるのか、常にアンテナを張っておきましょう。

3章
年金生活やりくりテクニック
実践編

年金やりくりテクニック1
消・浪・投の黄金比とは？

56ページでも紹介しましたが、私が提唱している貯金生活の理想割合は次のとおりです。

消費《ショー》・浪費《ロー》・投資《トー》＝「70：5：25」

この割合をしっかり守っていただければ、赤字家計は黒字となり、貯金も作っていけます。ですが、この3つのモノサシ、老後の年金生活では割合が変わるのです。具体的には、次のようになります。

消費《ショー》・浪費《ロー》・投資《トー》＝「85：5：10」

ここでもう一度復習しておきましょう。

- **消費**：生活に必要なものの購入にかかるお金。食費や日用品、家賃、水道光熱費、医療費、教育費、交通費、おこづかいなど。支出の大部分を占める。
- **浪費**：生活に必要ではないもの。生産性のない使い方をするお金。いわゆるムダづかい。嗜好品（タバコやお酒、コーヒーなど）程度を超えた買い物やギャンブルなど。
- **投資**：将来につながる有効な、生産性の高い使い方。貯金や資産運用もこの投資に含まれる。書籍や資格試験代、セミナー参加費なども。消費との区別が必要。

まだ現役世代で働いている方の家計については、投資＝25と設定しています。

その内訳は、自己投資という意味で約10。たとえば書籍を買ったり、将来につながる資格試験の塾に通ったり、というお金ですね。そして残りの約15が、貯金にまわす分です。

ですが、定期的な収入がない、あるいは収入が減る場合は、そんなに投資にお金は回せません。要するに収入が減るので、「投資」にお金をかける余裕がなくなるわけです。

そこで、「85：5：10」が、老後生活の理想割合となります。

では、年金生活の方向けの「投資：10」ですが、どのように使えばよいでしょうか？　すべて貯金？　それとも……？

私は、老後は収入が減るからといってすべて切り詰める必要はないと思っています。

通常のショー・ロー・トーの理想割合

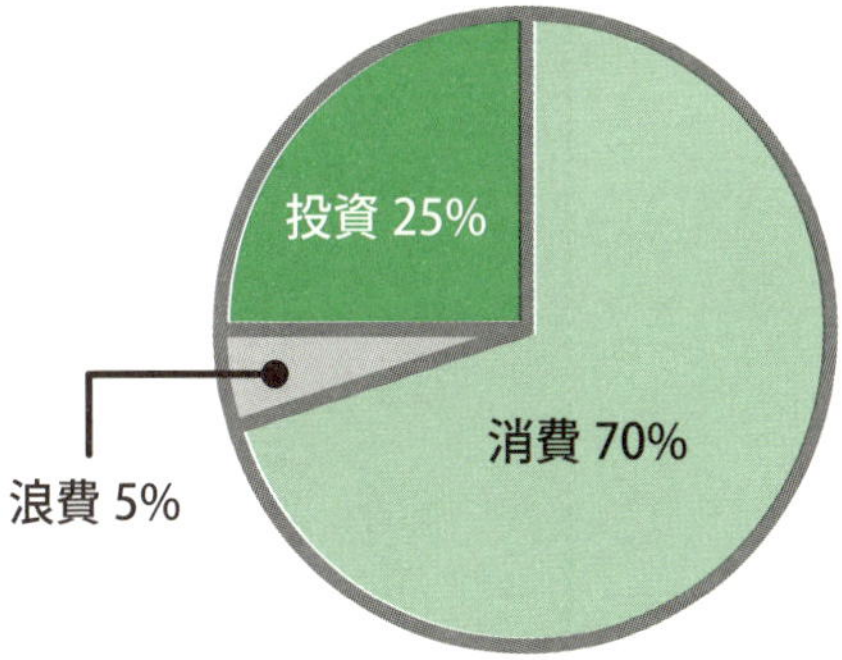

老後世代のショー・ロー・トーの理想割合

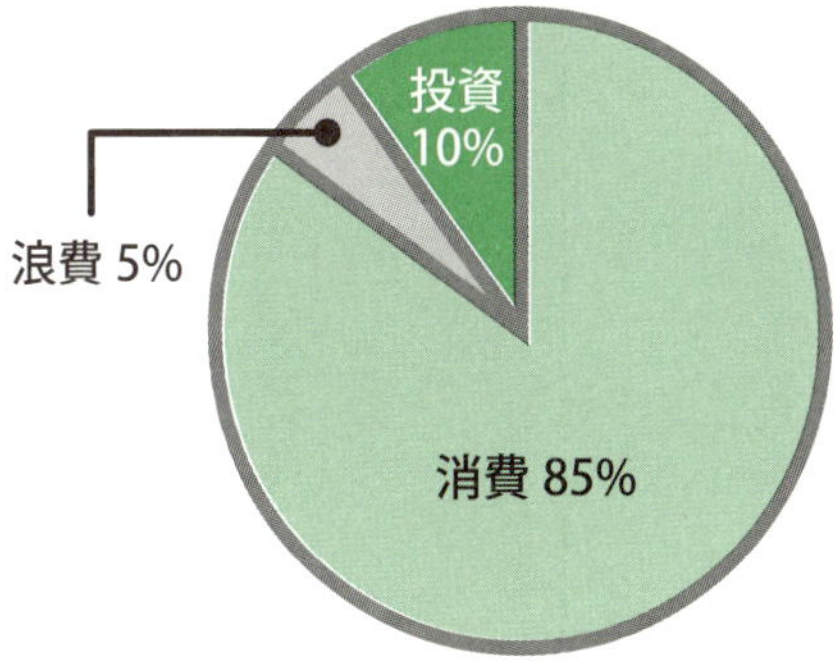

シニア世代の割合は消費が多めです。給与収入がないため、投資に回せるお金は少なくなります。この中から、冠婚葬祭などの特別出費に備えておきましょう。

逆に、老後だからこそ少しは「楽しみ」のためにお金を使ってもいいのではないでしょうか。投資部分が減ったとはいえ、全体の10%を使ってもいいのですから「楽しみ」に使うことを自分に許しましょう。あえて意識して使ってほしいのです。

用途が「楽しみ」であっても、すべてが「浪費」とは限りません。むしろ、その楽しみが生きがいにつながるのであれば、「投資」と考えてもいいでしょう。

たとえば……。

67歳のマサコさんが老後に通い始めたヨガ教室。ほかの生徒さんとも友達になり、生活にハリが出てきました。現役時代にはあんなに悩みだった腰痛や肩こり、低体温も不思議と治っていて、医療費の軽減につながっているという側面もあります。

こんなふうに、一見「浪費」のように見えても生きたお金の使い方ができるなら、「投資」に分類するのもいいでしょう。

楽しみを意識していないと、ひたすら「使わない」ことに注力してしまい、かえってストレスがたまるので注意が必要です。

年金やりくりテクニック2
赤字家計を悲観しない

どこかを切り詰めないと生活が成り立たない、となった場合、もちろんムダづかいを減らしていただきたいのですが、自分としてはもう減らせない、どこも削れるようなところはないと思っても、さらに一度見直していただきたいと思います。

たとえば、夫婦お二人のケースを見てみましょう。

71歳の夫カズオさん、68歳の妻ケイコさん。税金や健康保険料をのぞき年金の手取りは月々18万5000円です。幸い住宅ローンは払い終わっているため、住宅費の支出はほぼありません。とはいえ、どうしても赤字になってしまうときがあります。理由は食費、すなわち外食代やお総菜代がかさんでいること。前より疲れやすくなってしまい、自炊の頻度が減っているためです。

今後は、消費税や医療費負担割合が引き上げられ、さらに支出が増える可能性があります。つまり、生活費が減ってしまいます。ですから、生活にかけられる金額を見据え、できるだけ貯蓄を崩さない生活をすることが大切です。

高齢者世帯は年々生活が苦しいと感じる人が増え、２０１４年の厚生労働省の国民生活基礎調査では、65歳以上の高齢者のうち約59％が「生活が大変苦しい」「やや苦しい」と感じています。

年金だけでは生活費が不足するということは、多くの方が知っていることと思います。今までの蓄えから補てんして、生活を維持するわけですが、補てん額が少ないほうが長く生活費を安定化させられるということになります。

この例のように年齢が上がるにつれ、食事の支度が負担になってくることもありえるでしょう。外食はもちろんのこと、最近では宅配のお弁当サービスなどは非常に便利なので利用者が増えていることも理解できますが、すべてをそれに頼ると高額になってしまいます。予算や宅配のペースを計画的にコントロールしながら、赤字補てん額がはね上がらないように気をつけましょう。

●スマホ代などの固定支出の見直しは効果あり

蓄えからも補てんするゆとりがないという場合、固定支出から見直しましょう。今は節水のための蛇口やシャワーヘッドがあるので利用してみると、水道代・ガス代が安くおさえられます。蛇口は１０００円以内で、シャワーヘッドは安いものは１５００円程度で購入できます。

４人家族ではガス・水道代合わせて、年間３万７０００円ほどの節約効果がありますから、ご夫婦二人だと、年に１万５０００〜８０００円ほどの節約効果が見込めるでしょう。

また、よく利用するため長時間電気がつけっぱなしになっている居間などの部屋の電球をＬＥＤに変えるのも効果があります。ＬＥＤ電球は１つあたり１００0円ほどですが、白熱灯とＬＥＤ電球の１ヶ月の電気代の差を見ると、ＬＥＤのほうが１つあたり２４５円安くなります。もし居間で電球を２個使っていたら、月に５００円ほど電気代が安くなります。年間で計算すると６０００円です。

さらにいえば、便利なスマートフォンも安く使うことができます。最近では80代の方でもメールを利用している姿を見かけます。ということは、お子さんたちが料金を負担しているのでないかぎり、ご自分の年金から７０００円ほどを支払っているわけです。かなりの負担ですよね。

しかしスマートフォンは、この１、２年ほどで安く利用できる方法がずいぶんと浸透しました。よく聞く「格安スマホ」です。

1ヶ月1800円ほどで、緊急電話も利用でき、090または080で始まる番号を持つことができ、メールもできます。家族間の無料通話が必要であれば、SNSアプリの無料通話を利用する方法もあります。

こうすると、スマートフォン代は月に5000円ほど安くでき、年間で6万円も支出を削減できます。大きいですよね。

このような格安スマホは人気が高く、最近では大手の家電量販店に専用カウンターをもうけ、簡単に切り替えてくれるようになりました。機種代もこだわらなければ1万円強から手に入れることができます。

このようにして、基本的な生活費を安くする工夫ができるのです。

苦痛も手間も少なく、でも使い方はいつもどおりでよいという節約方法は赤字家計を救う効果的な方法なのです。

年金やりくりテクニック3
特別支出の乗り切り方

現役時代もそうですが、想定の範囲外のイレギュラーな支出がいちばんの困りもの。結婚式のご祝儀や出産祝い、孫へのプレゼント代、お香典、それから医療費（急に歯がかけたりすると結構高くつきます）……。

実際に、年金生活では大きな負担となってきます。どのように対処をすればいいのでしょうか？

年金生活では生活費だけで年金がなくなってしまう人がほとんどです。ですから、本当は現役時に特別支出分も考慮してお金を貯めておけることがベスト。

とはいえ、そこまでできない人も多いでしょう。

現役時に準備できなかった場合は、前述のように生活費をなるべくかけないようにし、貯蓄を切り崩して生活費にあてるはずだったお金の中から特別支出に回す等、やはりやりくりが必要です。次のような方法をおすすめしています。

まずは、年間で支出額を予想して、予算化する方法です。

一年間の年金収入はいくらになるのか？

一年分の生活費はいくらかかり、生活費以外の支出にどれくらい回せるのか。

ざっくり計算しておくといいですね。

次に、2ヶ月ごとの年金振込日に、あらかじめ2ヶ月分の特別支出費をよけておくという方法です。

もちろん、特別支出の出費がなかった場合、その分を浪費していいわけではありません。そのままとっておきましょう。

限りある年金から特別支出分を捻出できるかどうかは、

年金はいくらもらえるのか。

毎月いくらで生活できるのか。

にかかってきます。

それを把握することが年金生活のカギとなるわけです。

お孫さんがいる方は何かを買ってあげたりすることが老後の生活の楽しみにもなりますから、一律カットということはできませんよね。

ですが、必ずしも高価なものでなくてもいいと私は思っています。ものやお金でなくても、祖父母との楽しい会話ややりとりが、一生の思い出として立派なプレゼントになるのではないでしょうか。

それから医療費など、どうしても必要なのに対応しきれないときは、ご家族やお子さんに率直に援助をお願いしてみるという勇気も必要だと思います。

年金やりくりテクニック4
年金はひと月単位で考えよう

実際に受給されている方はご存じと思いますが、年金は2ヶ月に一度振り込まれます。ふた月分の金額なので一見、大金に見えますよね。もちろん、ひと月に換算すると、そうでもないのですが……。

相談者さんからよく聞くのが、2ヶ月分とわかってはいても大きな金額なので、つい気が大きくなってしまい、ちょこちょこ散財してしまうというケース。そしてふた月めに足りなくなってあせってしまうとのこと。

お給料収入だったころはひと月に一回だったのですから、感覚が狂ってしまうのはムリもありません。

やりくりとしては、次のような方法があります。

1　2ヶ月分を月ごとに割ってひと月単位に区切って考える

2　2ヶ月分をひとまとまりとして家計を考える

1については、2ヶ月ごとに振り込まれる年金を1ヶ月分ずつに分け、お給料をもらって暮らしていたときと同じように家計を管理するやり方です。一見、収入が少なくなったように感じられますが、翌月分はよけてありますから、使いすぎることもなく安心です。個人的にはこちらのほうがおすすめです。

2は、年金受給タイミングにあわせて家計を2ヶ月ごとにカウントする考え方です。食費や固定費などは2ヶ月分ごとで算出。

お給料をもらっていたときと異なるので、頭を切り替える必要があります。なかなか慣れないという方はこの方法をムリに実践する必要はありません。

ただ、金額が大きいので切り詰める箇所がわかりやすく、趣味や旅行などのお金を捻出するのにはよいでしょう。

お金を管理する期間は、実は短い期間設定の方がうまくコントロールできるものです。

水道・光熱費、通信費のように月に一度の支払いが生じるものは月単位で考えます。

食費や日用品のように日々支出するものは、次項で紹介するようにいったん週単位で管理し、1ヶ月分を集計してみると、他の月との比較がしやすく、上手なやりくりにつながります。

年金やりくりテクニック5
食費の支出は週で管理を

家計簿をつけていらっしゃる方には、食費や日用品を月単位で管理する方が多いです。

お給料など収入が月1ペースですからそれに合わせてということですね。

毎月●万円以内で、日用品は◎円、と決めて管理して、それがうまくいっている方はそれでいいのですが、どうしても月末になると赤字になってしまう、予算オーバーになってしまうという方はいませんか？　そんな方には、「週で管理」という方法を私はおすすめしています。

文字どおり「月単位」でなく「週単位」で管理するのです。

具体的には、決めた予算を週ごとに割り振り、毎週末にチェックする方法です。この方法ですと、予算オーバーになってしまってもオーバー金額が比較的少ないため、リカバリー（立て直し）がしやすいというのがメリットです。翌週切り詰めて収支を合わせることができますよね。

●お金をおろす曜日を決めよう

月単位で家計管理している方は、一度に多くの金額をおろしますよね。でも、それが使いすぎてしまう要因の一つでもあります。手元に多くのお金があると気が大きくなってしまいますから。

コツは、お金をおろす曜日を決めてしまうこと。

週ごとに決めた予算金額をおろすようにしましょう。習慣化するのがいいので、おろす曜日も決めてしまいましょう。

毎月の食費を4万円と決めているユタカさん（73歳）&ヨウコさんご夫婦（69歳）。年金口座からおろしたあと、月の前半はつい外食が多くなっており、毎月月末になると食費予算がなくなってしまい、たびたび貯金を取り崩すはめに……。

この場合、ひと月を4週と想定して毎週1回（たとえば月曜日に）1万円をおろす、というルールにします。

1週目に使いすぎてしまっても2週目で挽回できますよね。

「最終週まで赤字を持ち越さないゲーム」というような感覚で進めていきましょう。

年金やりくりテクニック6
浪費財布を持とう

毎日切り詰めた生活をしていると多少はストレスがたまってきて、どんな人でも時には意味のない支出をしたい！　気軽にお金を使ってみたい！　という気分にかられることがあります。

高額なものでなくても、お花屋さんで季節を感じる花を見かけて衝動買いをしたり、商店街でおいしそうなたい焼きを買ったり、なんてできると楽しい気分になりますよね。

生活費ではないけれど、生活に少し潤いを与えてくれる小額のものを買いたいときに使えるお金も準備しておきたいものです。

そんなときのために、私は「浪費財布」をおすすめしています。

日々の買い物で発生する10円、50円、100円といった小銭を小銭入れに貯めておくことで、ちょっとした楽しみに使えます。

しばらく使うことがなければ、1〜2万円くらい貯まってしまうこともよくあります。そのくらい貯まると、服など大物も買えますね（小銭だけで買うのは少し勇気が要りますが 笑）。

何も考えずに自由に使えるお金が手元にあると、たとえばご主人や奥さんとふらっとコーヒーを飲みに行けたり、孫がねだる200円のガチャポンをやらせてあげたり、と**生活の自由度が増したように感じられます。**

日々の暮らしの支出をがんばって絞っているのなら、多少の遊び・ゆとりを持たせる意味でも、「浪費財布」を作ってみてはいかがでしょうか。

年金やりくりテクニック7
衝動買いをやめられる方法

「あれが欲しい！」そう思ってひょいと簡単に買ってしまうことって、ありますよね？　ウィンドウショッピングをしていると、つい衝動買いしてしまうという方も多いのではないでしょうか。

当然ながら「あれステキ、欲しい！」と思うものを思うままに買っていると、お金が貯まるどころか消えていく一方です。とりわけ年金生活においてはセーブをかけなくてはなりません。

欲しいものを見つけたときは、それが本当に「欲しいもの」なのか、最低でも3日考えてみましょう。

考えているうちに売り切れてしまえばご縁がなかったということ。そして、3日間考えて、本当に欲しくて必要だと思うものであれば買っても損のない使い方ができるでしょう。

最近はどんな世代の方でも家にいながら、買い物ができるネットショッピングが盛んですね。ボタンをポチポチと押していくだけで、買い物ができてしまうこのシステムは、「買い物好き」の人には要注意です。

一度購入するとたくさん魅力的な商品がおすすめされるので、気をつけないとあっというまに大金を失ってしまいます。

ネット画面で見ているものと、届く現物が微妙に違うこともあるので落ち着いて買い物をしましょう。

できれば、買い物かごに入れたら、最低3日は放置してください。

その後、あらためてカゴの中を確認してもまだ欲しいでしょうか？　意外とぱっと見で欲しかったものは数日たつと欲しかったことすら忘れてしまいます。「３日」を目安にしてください。

ネットショッピングは非常に便利ですが、あらかじめ登録したクレジットカードを利用するため、お金を使っているという実感が薄いのが難点です。

正直なところ、年金生活では禁止したいくらいですが、そうもいきませんね。１２４ページから説明しますが、**クレジットカードでなく現金感覚で使えるデビットカードを使うのがおすすめです。**

今月の生活費がリアルに減っていくことを体感できれば、衝動買いをセーブすることができるでしょう。

年金やりくりテクニック8
楽しみをあきらめない

老後は年金で生活をやりくりすることで精いっぱいになってしまい、暮らしを楽しむなんて無理だ、と感じる方もいるかと思います。
ぜいたくに好きなようにお金を使って暮らす、のはさすがに難しいかもしれませんが、やり方を工夫すれば不可能ではありません。

老人クラブのような一年を通じて活動できる場に参加すると、ダンスや学び、（研修）旅行のような楽しみも味わえます。会費（年1000円〜、会により異なる）や、多少の実費はかかりますが、規定の範囲内で補助金が出るので割安に参加できます。

公園清掃などのボランティア活動だったり、カラオケなどの趣味で生きがいを高める活動、ゲートボール、ペタンクなど健康増進活動などもあります。

地元の自治体のホームページや広報紙で、会員を募集している団体に参加するのも割安に活動できる方法の一つ。英会話やウクレレ、三味線などさまざまな種類があります。

教わるばかりでなく、教える側になってもいいですね。長年の趣味だった手芸を教えたり、社交ダンスクラブを主催したりする方もいます。

そのほか、今までやってきた家事や子育て経験を活かしてファミリーサポートセンターに登録しての子育て支援や、今まで得意だったことを仕事にできるシルバー人材センターでの活動も、楽しみにつながることがあります。

また、子どものための寺子屋活動（家庭の事情で塾に行けない子どもたちにボランティアで勉強を教える）のようなことをしている方もいます。

海外旅行や高級車といった楽しみとは異なりますが、この時期は人とのつながりを大切にし、今までやったことのないことに取り組んだり、得意なことを活かしたり、人の役に立つ喜びを知ったり、という楽しみがあるのです。

高齢者と呼ばれる時期は、いわば人生の終盤期。

この時期を生きる人は今の社会を作り上げてきた方々です。

お金をかけない楽しみを見いだし、今までがんばってきた自分自身をねぎらうような時期にすることで、あとで振り返ったとき最高の人生だったと思えるようにしたいですね。

年金やりくりテクニック9
現金主義でいこう

年金生活に限らず、私が推奨しているのがクレジットカードを使わない現金主義で暮らすということです。

クレジットカードはお財布からお金を支払う実感がなく、際限なく使えるような気がしてしまうため、浪費のもとになることが多いのです。

現役時代のような定期収入がなくなる年金生活においてはなおさら、クレジットカードはおすすめできません。

利用してから1〜2ヶ月後に支払いになるのでいくら使ったかが見えにくく、一歩まちがえると、キャッシングに足を踏み込んでしまうおそれもあります。

とはいえ、大金を持ち歩くのは避けたい、などさまざまな事情もあると思います。そんな方におすすめなのが、VISAやJCBなどのクレジットカードブランドのついたデビットカードです。

クレジットカードのように使えますが、即時決済なので支払いとともに銀行口座からお金が引かれます。利用限度額は口座にある金額まで。年金を全部使い切ってしまいそうで生活費が心配になる方は、カード払い用と生活やりくり用と口座を分けておくといいですね。

●電子マネーにご用心

最近はデビットカードに似たもので、電子マネーもよく使われていますね。認知度が高く、チャージをしやすいことから利用者が急激に拡大しています。交通系（Suica等）や流通系（nanacoや楽天エディ等）、みなさんも1枚くらいはお持ちではないでしょうか。

クレジットカードブランドのついたデビットカードも電子マネーも、便利さや即時決済による管理のしやすさがメリットですが、一つだけ注意点があります。

デビットカード口座への入金（あるいは電子マネーへのチャージ）をすると、使い道を考えずにその金額の範囲内で買い物をしてもいいだろうと考えてしまいがちなことです。

例をあげましょう。

ミユキさん（64歳・パート勤務）は1ヶ月分の交通費としてSuica（JR東日本の電子マネー）に5000円をチャージしています。当初は乗車券としてしか使わなかったのですが、一度自動販売機で飲み物を買って以来、あまりの便利さに、駅の自動販売機や売店で飲み物やお菓子、新聞を買うため毎日のようにSuicaを使ってしまうのです。いちいち小銭のやりとりをしなくていいのが便利と語るミユキさんですが、気がつけばまだ1週間しかたっていないのに残高が3000円しかありません……。

5000円のうち、2000円分も交通費とは異なる用途で使ってしまったら、交通費を2000円分追加しなければなりませんね。

何に使ったかよくわからないけれど、残額がどんどん減っているという方もよくいらっしゃいます。

ちなみに、デビットカードは利用するとメールが届きますが、ずぼらな人は確認をしないので、やはり何に使ったのかわからないという状況においっってしまいます。

デビットカードも電子マネーもインターネットで利用明細が見られます。不明支出が多い方は必ず確認する習慣を身につけましょう。確認すると、自分が何にお金をよく使うのかがわかりますし、消費傾向を知ることで「ガマンしよう」という気持ちを持つことができます。

カード類で決済するときも、「自分のクセ」を知ると、支出をセーブできるきっかけになります。

とはいえ、なるべくならカードよりは「現金主義」をおすすめします。やはり使うたびにお財布から現金が消えていくのは実感をともなうため、節約につながるからです。

年金やりくりテクニック10
お金のマイ・ルールを持つ

使えるお金には限りがあります。楽しんで生きましょうとは言っても、やはりやりくりを考えていくことは大切です。

楽しみながらやりくりをするというと、生活費がギリギリである方ほど、そんなことムリだ！　と思われるかもしれません。

ですが、そんな中でもうまくやりくりしていくコツがあります。

それが、「支出の優先順位をつける」こと。

生きるうえで重要度の高い衣食住（具体的には食→住→衣）を優先したあと、自分にとって大切な支出とは何か、考えてみてください。そうすると、タイムセールの特価商品を買うべきなのか、バーゲンにはりきって出かけるべきかを見極められるようになります。身の丈に合った支出が習慣化するわけです。

さらに、「見栄をはらない」ことも大事。これは年金生活に限ったことではありませんが、人生の後半にさしかかってなお、人の目を意識しすぎるのは残念なことです。「人は人、自分は自分」で、比較することで生まれる不満を消すことができると、人生がずいぶんとラクになります。

限りあるお金を自分のやりたいことや大切にしているもの・ことに使えるようになると、やりくりの満足感につながります。また、人生に対する満足感自体が増すのです。

「自分なりのやりくり軸」を持つと、お金についても、生活においてもブレなくなります。お金がないから△△できない、というような考えがなくなり、今手元にあるもので充実感を味わえるようになるのです。

4章

たった90日間で大変身！
年金生活プログラム

豊かで楽しい老後を作るプログラムを初公開

私の考える年金生活では、お金を大切に使うために、**お金の使い方だけではなく、心身の健康を維持する事柄にも取り組んでいただきたいと思っています。**

加えて、いつ、体調が悪くなってしまっても周囲に迷惑をかけない準備も必要だと思います。

そういう意味を込めて、シニア版90日間年金生活プログラムを作りました。

シニア版のプログラムは、お金を貯めるというよりも計画的に使えるようになるという目標に焦点を当てています。

このプログラムは、老後という時間をより豊かで楽しく過ごすために、「お金」という側面からサポートしたく考案したものです。

すでにこのプログラムを実践している方々からは、「簡単なので、とても実践しやすい」という感想をいただいています。

また、「今まであきらめていたことが実現できた」「やり残したことを実行できた」「毎日が楽しくなってきた」と喜ばれる方も大勢いらっしゃいます。

老後は気力・体力の衰えから、つい面倒になったり忘れてしまったりすることが増えますから、言葉にして書き留めるやり方はぴったりです。

この90日（3ヶ月）という期間は、集中しやすく評価もしやすいので、健康を維持しながら、ぜひ楽しんで取り組んでほしいと思います。

90日間年金生活プログラム
プロフィールを作ろう

まずは、ノートを用意してご自分のプロフィールを作ってみましょう。あなたに関する大切な情報をすべて把握するために書き出していくのです。

私がおすすめしているのは、次の10項目です。

今はお元気で記憶力抜群という方であっても高齢化によって細かなことを忘れがちになるおそれもありますね。

クレジットカードや銀行口座や保険についての記録を控えておくことで、自分も安心できますし、急な入院などに際してもご家族もあわてずにすみます。

●マイ・プロフィール

1 個人情報（名前、生年月日、血液型、住所、本籍、電話番号、メールアドレス）

2 家族（同居・非同居の家族・相続について）

3 緊急連絡先

4 預金口座（金融機関名（保険会社名）、本・支店名、連絡先、種類（普通・当座・定期・積立）、番号、カード（あり、なし））

5 クレジットカード（Ｖｉｓａ、ＪＣＢなどの種類、カード番号、連絡先）

6 パスポート（番号）

7 保険（保険会社名、担当者名、連絡先、証券番号、保険料、保険期間、保障内容、受取人）

8 かかりつけ病院（病院名、電話番号、担当医、診療券番号）

9 年金（基礎年金番号、年金口座、年金額）

10 これから死ぬまでにやりたいこと・夢

6　パスポート（あれば）

番号

7　保険

保険会社名

担当者名

連絡先

証券番号

保険料

保険期間

保障内容

受取人

8　かかりつけ病院

病院名　　　　　　　　　　電話番号

担当医名

診療券番号

9　年金

基礎年金番号

年金口座　　　　　　　　　年金額

10　これから死ぬまでにやりたいこと・夢

マイ・プロフィール

1　個人データ

名前

生年月日　　　　　　　　　　血液型

住所

本籍

電話番号

メールアドレス

2　家族

同居・非同居

相続の予定

3　緊急連絡先

4　預金口座

金融機関名

本・支店名

連絡先

種類（普通・当座・定期・積立）、

口座番号　　　　　　　　カード（あり、なし））

5　クレジットカード

種類（Visa、Master、JCB など）

カード番号

連絡先

90日間年金生活プログラムの上手な進め方

1ヶ月めは、まずご自分自身について知りましょう。

収入と支出を知ることは、年金生活をうまくやりくりするのに不可欠。楽しみにしていること、時間ができたらやってみたかったことは、お金のせいであきらめたりせず、実現できる方法・場所を探してみましょう。

とくに年金生活の時期は、これまでガマンしてきたことにあえて取り組み、人生の終盤期を充実させるチャンス。そのためにも、可能性を探るのは大切です。

実際に収支を書き出してみると現実と直面して、心細い気持ちになるかもしれません。でも、あきらめないで前向きに！　支出を工夫していくことで、よりよい生活に変わることができます。

年金生活プログラム１ヶ月め

- □ 自分の年金額を書き出す
- □ 老後やろうと思っていた楽しみを書き出す
- □ どうしてもやめたくない、
やめられないことを書き出す
- □ 市の広報紙などで、
カルチャースクールやサークルを調べる
- □ クレジットカード払いの総残額を調べてみる
- □ 困ったときの窓口を調べておく
- □ 働けるかどうか検討する
- □ 一ケ月の病院代、医療費を計算してみる
- □ （つけていない人は）家計簿をつけてみる
- □ 最後に１ケ月の生活費を集計してみる

プログラムの2ヶ月めは先月を振り返り、大切な支出は何か、優先順位をつけてみましょう。順位の低いものへは、できるだけ支出しないように。

お財布に詰まったレシートは整理をしましょう。お財布が散らかっていると、いくら入っているかがわからず、（占いのようですが）お金の流れも悪くなります。

こまめに整理することで、お金の減り具合もわかりますね。

固定費削減のための勉強もしましょう。スマホ代の節約や保険の見直しは家計にダイレクトに効果が現れます。

お金の使い方と節約について考えてばかりだと息が詰まります。

心身の健康のために、「声を出す」ことを忘れずに。簡単で気分がスッキリするだけではなく、脳への刺激にもなり、ぼーっとしていた頭がよく回転しはじめますよ。

年金生活プログラム２ヶ月め

- [ ] 先月の集計を見て、支出の優先順位をつけてみる
- [ ] 毎日誰かと30分は話をする。
- [ ] ラジオ体操またはそれに類するものをする（体を動かす）
- [ ] 大きな声を出す、または大声で歌う
- [ ] 自然にできる節約を取り入れる（LED照明、節水シャワーなど）
- [ ] 携帯電話について考える（格安スマホへの乗り換え検討）
- [ ] お財布の中身を整理する
- [ ] 生命保険を見直す
- [ ] 孫または子へあげたお金の合計額を計算してみる
- [ ] 年金の補てん額が予算内で収まったかを振り返る

プログラムの3ヶ月めはがんばったところや先月に取り組めた節約行動などについて、大いに自分をほめてあげましょう。

外出したり、先月同様、手先や頭を使ってみたり、といったことを続けてください。

生活にハリが出ると、お金の面で多少「大変だなあ」と思うことがあっても、落ち込むことが少なくなります。「明るい気持ちで暮らす」ことが、老後の充実度を左右するのです。

今後の支出を計算してみたら、あらためて資金不足を実感することもあるかもしれません。そういう場合は、お子さんや兄弟など、身近な人に早めに相談してみましょう。

この時期は誰かに頼るということも、必要なのですから。

年金生活プログラム３ヶ月め

- [ ] 支出の優先順位を見直す
- [ ] 先月の節約をがんばったところを書き出す
- [ ] 一日１時間以上は自宅の外に出る
- [ ] 料理をする、裁縫をする、囲碁をする（指を使う）
- [ ] 今日のニュースについての感想を誰かと話す・書いてみる（頭を使う）
- [ ] 介護費用について調べてみる
- [ ] 電力会社が適切かを考え、必要なら変更する
- [ ] 蓄え（老後資金）の使い方の計画を練り直す
- [ ] 使途別に口座を分ける（生活費用、老後資金用など）

この年金生活プログラムは次の2点を目的としています。

1　自分とお金についてよく知って、支出のペースを決める

2　健康を維持し、認知症もできるだけ防止し、元気に生きる

老後の生活では、あまり過激でムリな行動はできません。極度な節約術、激しい労働や運動など、取り入れることで逆効果になることもありますからね。ですが、日常でちょっとしたことを継続することで悪化を防げます。

大切なのは、お金のことだけではなく、自分のことを言葉にして書き出してみること。

銀行口座や、かかりつけ病院、緊急連絡先など、予期しないことが起きたときに周りの人に伝えるべき情報です。個人情報はしっかり管理しなくてはいけませんが……。

日々の支出を記録する際に、ぜひ今日感じたことや明日やりたいこと、昔あったことなど記入してみてください。お金に関することでなくてもOKです。

過ごしてきた歴史や思いを残していけると、よりよい時間を過ごしたい、もっと何かをしたいと前向きに思えるようになります。

このプログラムでの記録は、いわばエンディングノートのような役割も果たしてくれるのです。

ぜひお試しいただき、楽しい時間を過ごしてくださったら幸いです。

気をつけて！シニア版 ムダ支出ワースト5とは？

「年金生活になったら、現役時代より支出を切りつめればいい。年をとったらそんなにお金をつかう機会なんて減るでしょう、大丈夫！」なんて思っている方はいませんか？

ところが、実は落とし穴がいくつもあるのです。

年金世代ならではのムダづかいワースト5をご紹介しましょう。

●老後のムダ支出ワースト5

1　健康維持、病気予防のために買いすぎてしまうサプリメントや健康食品代
2　体力維持のための健康グッズ代（マッサージチェア、腹筋マシーンなど）

3　かわいい孫のための服・おもちゃ代

4　子育て中はなかなか手が出せなかった、「ちょっとよい食材」代

5　老後をいきいき過ごすための行きすぎた「お付き合い」費用

では、一つずつ解説していきましょう。

1の「健康維持・病気予防のためのサプリメントや健康食品代」、そして2の「体力維持のための健康グッズ代」、これらは年金世代ならではの消費傾向ですね。

現役時代に比べ、ぐっと体力の衰えや体の不調を感じやすくなってくるため、健康&体力維持にかけるお金が多くなってきます。

もちろん、それは当然の行動なのですが、程度が大事です。とくに、テレビで際限なく流れているCMでは、ありとあらゆるサプリメントや健康グッズが宣伝されています。

真偽のほどはともかく、まことしやかな効果がうたわれているとつい買ってしまうという方、そのサプリメントやグッズがないと本当に健康や体力を維持でき

ないのか、よくよく考えてみてください。サプリメントよりは日々の食事で気をつけるほうが健康的ではないでしょうか。高価な腹筋マシーンを買うくらいなら、毎日自分で腹筋するのは無料ですよね。家にこもってマシーンで運動するより、ウォーキングやジョギングなら、無料です。

とくにシニア世代になると、他の出費はおさえても健康のためならお金を惜しまない方が多数見受けられます。その出費が本当に健康につながるのかをしっかり考えてみてください。

3の「かわいい孫のためのおもちゃ・お菓子代」も、出費がかさむ原因の一つでしょう。

お孫さん、かわいいですよね。でも、だからといって会うたびにおこづかいや高額な服やおもちゃを与えている方、実はけっこうな出費になっていますよ。

思い起こしていただきたいのですが、ご自分が親だったときはしつけの一環として、子どもに無制限におもちゃやおこづかいを与えなかったという方が多いのではないでしょうか？

高価なものを買い与えなくても、お孫さんにとって一生心に残るような祖父母との思い出を提供できるといいですね。お金を出しても買えない貴重なものですから。

4の「ちょっとよい食材代」も要注意です。

食べ盛りのお子さんがいる頃は少量でも高価な食材には絶対に手が出なかったと思うのですが、ご夫婦あるいはおひとりになると、断然「量より質」という傾向になってきます。

デパートの地下食品売り場には高価なお惣菜ばかりですが、シニア世代でごったがえしていて驚きます。もちろん、「たまに」ならいいのですが、その頻度が増えていくと家計を圧迫してしまうのです。「量より質」もほどほどにしておくのがよさそうです。

5の「老後をいきいき過ごすためのお付き合い費用」。

これは老人会やサークル活動など、人とのコミュニケーションを求めるための場で、つい調子よくお酒や食事、お茶、旅行といった場に顔を出してしまうようなケースです。

もちろん、老後に人とのつながりを保つのは非常に大切なことなのですが、そのペースがあまりに頻繁だと、まさに、ちりも積もれば山となる、となってしまいます。

しかも、さほど仲がよくない（あるいはそれほど好きではない）人との付き合いを断れないという方も多いのです。

これではお金だけでなく時間もムダになってしまいます。お金を払って時間をムダにしてストレスもたまる――もったいないですよね。

本当に大切にしたい人間関係以外はムリをする必要はありません。

いかがでしょう？　一つ一つは大きな金額でなくても、限られた年金額においてはけっこう大きな割合を占めてしまいます。

この5つをしっかりと心に留めておいて、ムダづかいを防ぎましょう。

コラム 3

家計簿こそ、年金生活のおたすけツール！

最近は家計管理をアプリでつけている人も増えてきました。自分でエクセルなどを使いオリジナルなものを作っている人もいらっしゃいます。

ただ、家計相談の現場では、今ひとつうまく使いきれていない方が多いように見受けられます。アプリやパソコンを使うことで、キレイに見やすく細かくつけることはできるのですが、それで満足してしまって、肝心な成果につながっていないケースが多いのです。

逆にスマホやパソコンを使いこなしているが、家計簿はあえて手書きにして成果につながっている方もいます。

家計管理がうまくて実績を出す人は、「記録をまず楽しんでいる」ということがあげられます。

もちろん最初から楽しいと感じる人はいません。ですが「やっているうちに、だんだんと「苦ではない」レベルになってきます。するとしめたもの。実際にお金が貯まってきたとか、ムダづかいが目に見えて減ってきたことを感じると、楽しくなってきます。

「楽しい」というと漠然としていますが、**具体的には「(家計簿を)つけたい!」と思えることがカギです。**

では、つけたいと思うようになるためにはどのようなことをすべきでしょうか?

自分が気になっていることや情報、欲しいものや行きたい場所、ＴｏＤｏリスト、今日感じた気持ち、体調の良し悪し、体重などなんでも家計簿に書きこんでしまうのがおすすめ。たくさん書くのは大変ですから、ほんのメモ書き程度でＯＫです。

やがて家計簿がミニ日記のようになります。手帳の要素もあるため、ちょくちょく家計簿を開くことになるでしょう。わが家もよく買い物や家族の出来事などを家計簿にメモします。

家計簿を開く頻度が増えれば増えるほど、収支を振り返るタイミングとなり、結果につながっていくのです。

慣れてくると、生活の一部となってきますよ。

5章

一生現役！働いてお金と生きがいの一石二鳥

細く長く働き続けよう
老後はいつまで働ける？

2章でご紹介したように、老後資金を捻出するために「同時進行で働く」という手段はこれからさらに一般的になっていくと思いますし、私自身も家計相談の現場でおすすめしています。

もちろん、それには「健康である」「職が見つかる」ことが大前提ではありますが、まずは老後という時期を大きく3つに分けて考えていきたいと思います。

ステージ1　60〜64歳

ステージ2　65〜74歳（前期高齢者）

ステージ3　75歳以上〜（後期高齢者〜超高齢者）

●ステージ1　60〜64歳

仕事を引退し、仕事や生活での役割が変化することを徐々に受け入れ始める時期です。

働くには十分な気力、体力がある人が多く、この年代の72％ほどが仕事をしています。仕事を生きがいと感じ、他者とコミュニケーションをとりたいというポジティブな立場の方と、生活のためにやむを得ず働かねばならないというネガティブな立場の方がいます。

仕事の形態は、再雇用・パートなどさまざまですが、5割強の方が再雇用で働いています。

再雇用で働くと、仕事の最前線からは離れた立場になるので、今まで役職が高く、職員を管理していたような立場にいた方などは、今まで自分より下の立場であった人から指示を受けたり、叱られたりという状況に置かれることをつらいと感じるかもしれません。

年金は、厚生年金・共済年金の場合はまだ「特別支給の老齢年金」が支給されるので、給与は最適賃金という、年金がカットされない金額を計算して支給されるということもありえます。健康保険は国民年金や任意継続（退職後2年間のみ）、被用者保険に加入できます。

年金保険料の未納分があるという方は、ここで納付し続けていくことも可能です。

●ステージ2　65〜74歳（前期高齢者）

WHO（世界保健機関）の定める、老年期に入る時期です。以前と比べて退職年齢が上がってきていますので、ここで引退や役割変化を感じる方も多いかもしれません。

この時期は64歳までと同様に65歳以降も国民健康保険・被用者保険に加入できます。大黒柱だった方も、健康保険の都合等から子または今まで扶養してきた配偶者の「扶養か家族」になる場合もあるでしょう。一家の長から少しずつ後退していくイメージです。

とはいえ、この年代も4割近く働いています。気力体力ともにいまだ充実している方も多く、健康も維持しやすいといえるでしょう。役割喪失を感じる分、今までできなかったことが自由にできる時間を手に入れたことにも気がつく時期。旅行や趣味などを楽しめる時期ですね。

ただ時間があるせいで逆にお金を使いすぎることもあるので、注意が必要。将来に向け、相続など自分の最期をどうするかの準備を進めるときでもあります。**まだ働ける時期なので、資金不足はこの時期に挽回することも可能です。**

この時期の働き方については、のちほど詳しく解説します。

●ステージ3　75歳以上～（後期高齢者～超高齢者）

健康に不安を感じたり、人としての衰えを感じる時期。人生の終盤期とも言えるでしょう。後期高齢者医療制度の加入に変わります。保険料は納めますが、医療費の自己負担は1割（現役収入のある人は3割）になります。

肉体的な衰えが顕著になってくるため、多くの人が「働いて収入を得るのはムリ」と思い、このあたりで仕事を完全リタイアします。仕事や子育ての役割が完全に終わり、喪失感を覚える人もいるようです。

いわば、人生の最終的な円熟期。

今までの自分を認め、受け入れる半面、死への恐怖を感じ、これらの葛藤を乗り越え、英知を獲得する時期といえるのではないでしょうか。

子どもが独立し、友人・知人が亡くなることも増え、「離別」をより強く感じるようになります。そのため、自分の人生の聞き手を探す傾向、理解者・仲間を求める傾向にもあります。

この時期には通院や薬、治療、入院が必要となり、医療費がかかるようになります。

老後は３つのステージに分かれます

ステージ1 & ステージ2

60 ～ 64 歳／ 65～74 歳

まだまだ健康で気力・体力がある状態。就労率もかなり高い年代です。可能ならこの段階で、できるかぎり働いて収入を得て老後資金の足しにしたいですね。

ステージ3

75 歳以上～

（後期高齢者～超高齢者）

個人差がありますが、さすがに働くのが厳しくなってくる年代。健康を損なうことも増え、医療費や介護費用が発生します。

サプリメントを飲むなど健康を維持しようとする行動も増え、それにお金がかかる場合もあります。

生活に支援が必要になってきて介助してくれる家族がいない場合は、**介護費用やヘルパー費用などもかかるようになってきます。**

老人介護施設への入居を考える方も多くなります。入所等でお金が不足する場合、2章でご紹介したように自宅をお持ちの方はリバースモーゲージを検討してもよいでしょう。

60〜65歳まで無収入? 老後の働き方3パターン

前述のとおり、現在の日本社会では年金だけで老後生活を送るのは難しいのが実状です。貯蓄が十分にあれば別ですが、早めに準備に取りかかる必要があります。年齢が上がっていくと今さら遅いなどと悲観する人もいますが、それは大間違いです。

いわば取り組めば取り組んだ分、将来の自分にお金を送っているようなものです。もう間に合わないから、というあきらめの気持ちのせいですべてうまくいかなくなってしまいます。そんな気持ちは捨ててくださいね。

近年は60歳で定年後65歳までは再雇用という形で雇い入れをする企業が増えて

います。また、65歳を定年と定める企業も増加中です。

要は、60歳を過ぎても働くことができる環境が整ってきているということです。2章のコラム2でふれたように年金受給開始年齢が上がっていることも影響しているでしょう。

このような風潮は、60歳から65歳の間の無収入期間を不安に思う方には、うれしいことです。現在、厚生・共済年金を受給している方は特別支給の老齢年金として報酬比例部分（多くは10万円程度）がもらえる方が多いことと思います。ですから、完全に無収入ではないという方もいるでしょう。

しかしその措置は徐々になくなり、男性では昭和36年4月2日生まれ以降、女性では昭和41年の4月2日以降の生まれの方からは完全に65歳までの年金支給がなくなります。

今、40代の方からは65歳になるまで年金はまったく出ないのです。したがって、

今後はより「働き続ける」という傾向が強まることでしょう。

もし、今後年金受給開始年齢がもっと上がることがあれば、定年の年齢もさらに上がっていくかもしれませんね。

60歳を過ぎても働けるということは、老後の生活費を稼ぎ出せる場所ができるということだけではなく、家の外に出て他者と交わることができるというメリットもあります。

第一線で働くのではなくとも、仕事仲間とともに業務をこなし、時に談笑し、コミュニケーションをはかれることは、生きがいの一つとなりえます。また、役割を持って働くことは、老後の喪失感をカバーすることにもなります。このような場や制度は、今後もますます充実していくのではないかと思います。

では、老後はどのように働くことができるでしょうか。老後の働き方には、次の3パターンがあります。

1 再雇用 今まで働いていた会社にあらためて雇用される形態の働き方

2 再就職 新しい職場・仕事に就く（アルバイトやパートなど）

3 起業 好きなこと・得意なことで起業

3パターンとはいっても、やはり体力の低下など老化に伴うやむをえない諸問題もありますので、現役時と同じように働くことは難しいと考えなくてはいけません。

近年増えているのが1の「再雇用」です。

今まで働いていた会社にあらためて雇用される形態の働き方です。慣れた職場だからやりやすそうという印象があるかもしれませんが、多少問題もあります。

当然ながら現役時についていた役職などは継続されないため、業務の統括や部下の管理指導など役職についていた人がおこなっていた業務はできなくなりますし、権限もなくなります。今まで部下に指示・指導していた人が、される側に代わり屈辱的に思うこともあるそうです。

再雇用で働き続けることが可能でも、こういう点で役割の喪失感につながるケースも多いのが実状です。

再雇用で働こうと考える場合は気持ちの切り替えが必要です。新人のようなつもりで、新しい業務をするととらえたほうが働きやすいでしょう。勤務先によって異なりますが、給与も現役時の半分程度となるケースが多くなります。

2の「再就職」は、定年を機に他の仕事に移って働くことで、現役の人たちの転職と意味合いは変わりません。

新しい職場が合っていれば、いきいきと楽しく働け、充実感も持てるでしょう。60歳で退職後、今までと違う業種でアルバイトやパートで働くという場合もあてはまります。実際、パート等で働く人は多く、自由時間を持ちたい、昔から興味のあったことを体験したいと思って、時間に余裕のあるパート業務を選択しているようです。

ハローワークやシニア向け求人情報、友人の紹介など情報はたくさんあります。今後は労働人口の減少により、ますますシニア世代の求人が増えることが考えられますね。

働く場が増えているということは好ましいことですが、働く環境が異なると人間関係に適応できなかったり、なかなか合う職に就けず、転職を繰り返してしまって居場所がないと感じたりすることもあるようです。

年をとると、若いころのように柔軟に適応することが難しい場合があります。転職するにしても、どういう職業で、職場の雰囲気はどういう感じで……とリサーチをきちんとし、自分が適応していける準備を整える必要がありますね
なお、177ページで詳しく説明しますが、**再就職の意思があれば定年退職後であっても失業手当をもらえます。**再就職を希望される方は手続きを忘れずにしっかりもらっておきましょう。

3の「定年後の起業」も、関心が高い方が多いと思います。

現役時代にやってきた業務を生かしながら好きなこと、得意なことを仕事にすることは、楽しみにもなり、収入にもつながりますから一石二鳥です。

開業資金は、退職金や老後資金をあてるという方が多く、金額も数十万円~250万円以内で起業する人が42％ほどです。ただ、もうけ重視というよりは「人や社会の役に立ちたい」と起業する方が多く、社員は自分だけで、会社を大きくしたいとか、大もうけしたいといった経営重視の企業とは異なる点が特徴的です。

経営者は自分自身なので、可能な範囲で仕事のペースを調整して営業日も週に3日程度などとゆとりを持つこともできます。旅行したり、好きなことをしたりする余暇も確保するという過ごし方をする方が多いそうです。

そのため、必ずしも利益になるとは限りません。経営がうまくいかず赤字続きとなれば、早々に廃業とする割り切りも必要です。

どのような働き方にも一長一短あり、「そこまでして働いたほうがいいの？」という意見もあるかもしれません。

ですが、ご存じのとおり、現在のシニア世代は元気な方が多いですよね。充分に社会的な役割を果たしていけますし、定年だからと引退してしまうのがもったいないようにも思います。平均寿命が延びているのに、労働寿命が延びなければ、社会的な収支の帳尻が合わず、破たんしてしまうおそれがあります。

このような理由から、働けるうちは働くというスタンスは現代社会にぴったりといえるでしょう。もちろん、体調や体力に合わせた働き方で十分です。

働くということは、収入以上に社会的活動、社会的コミュニケーションからの恩恵が大きいと思います。これらがもたらす老後生活の充実感は、健康の維持、生きがいの維持という面ではかけがえのないものです。

病気を押してまで働かなくては、というムリのある働き方ではなく、楽しみながら働くというスタイルで、労働を継続できるとよいのではないかと思います。

老後に働くと年金が減らされるってホント？

老後も働くということは、働き方によっては健康保険や厚生年金等の加入も継続できるということです。年金の加入年数が多くなると年金額が増えますし、健康保険の心配もなくなります。

ただ気をつけたいのは、60歳以上の方で年金をもらっている場合です。給与の金額によっては、もらえる年金の一部がカットされてしまうという制度があります。せっかくの年金を減らしたくないという方は多いので、働く際にはぜひ注意していただきたい点です。

たとえば、60代前半の方（60歳〜64歳）であれば、毎月の給与（ボーナス額は

12で割って毎月に足す）と年金額を足した合計が28万円を超えると、年金の一部がカットされます。

雇用保険から高年齢雇用継続給付の支給を受ける場合も、年金が一部カットされてしまうのです。

具体的に例をあげて考えてみましょう。

62歳のジュンイチさんは年金受給額は月に10万円。定年退職後、知り合いの会社の経理を引き受けています。月給は15万円・夏冬あわせてのボーナス収入は24万円です。この場合、ボーナス収入の24万円は12ヶ月で割り、毎月の収入に足します。

すると、次のようになります。

月給15万円＋ボーナス分2万円（月あたり）＋年金受給額10万円＝
毎月の総収入27万円

この場合、年金カットはありません（年金額は一例です）。ですが、仮に、会社の業績がよくなり、ボーナス額24万円から60万円へアップしたとしましょう。60万円を12ヶ月で割ると、月あたり5万円となりますね。すると……。

月給15万円＋ボーナス分5万円（月あたり）＋年金受給額10万円＝
毎月の総収入30万円

3万円の違いですが、このような場合だと、年金がカットされてしまいます。

どれくらいカットされてしまうかというと、

（月給＋（ボーナス÷12ケ月）＋年金月額－28万円）×½＝カット金額
（15万円＋5万円＋10万円－28万円）×½＝1万円

毎月の年金額から1万円カット、ということになります。

月給が高くなるともっとたくさんの年金をカットされてしまいますし、月給が少なくても、ボーナスが高ければカット額が多くなってしまう可能性があります。

それぞれのご事情に合わせた調整が必要になってきます。

さて、60代後半（65歳以上）になると、収入の上限が変わり、毎月の給与（ボーナス額は前述同様12ヶ月で割って毎月に足す）と年金額を足した合計が47万円を超えると、年金の一部がカットされます。計算は前述と同じです。

71歳のアキラさんの年金受給額は月に15万円。会社役員報酬として月に30万円給料をもらっています。賞与はありません。月額収入は年金15万円と給与30万円をあわせて45万円です。この金額では年金カットはされなくてすみます。

60代後半になると、パート・アルバイトの形態の働き方が増えます。

働き続ける人は「健康」「最低限の収入」「時間のゆとり」を意識した働き方になることが多く、現役のころのようにバリバリ働くというよりは「のんびりと楽しんで働く」に変化するようです。

65歳から老齢年金の受給がスタートするため、生活費のメインは年金で、プラスアルファを就労でまかなうという形態ですね。

年金を損してしまうような働き方を回避し、かつ会社の負担も軽減させるような給与の決め方を「最適賃金」と呼びます。

必然的に給与自体は低くなります。労働の対価という考え方からは離れてしまいますが、給与、年金受給額、社会保障費手などを総合して考え、手取り額がもっとも多くもらえるように算出された給与額です。

定年退職後でも失業手当をもらう方法

60歳以上で支給される老齢年金は、比例報酬部分の年金です。**ですから、多くの方の場合は「失業手当」をもらったほうが、受け取る金額が多くなります。**

雇用保険に20年加入していた場合、失業給付の基本手当の支給日数は150日分です。

自己都合退職とは異なり、再雇用制度の有無にかかわらず、定年退職は会社都合による退職となるので、手続き後7日の待機期間を経て、基本手当が支給される仕組みとなっています。

現在、特別支給の老齢年金の支給開始年齢は上がっていて、2016年に60歳で定年になる方々については、女性は60歳からですが、男性は62歳から。このことを踏まえると、**再雇用等ですぐに働くのでなければ、男性の場合は退職後は職を探しながら失業給付を受けることが、得なのではないかと思います。**

もちろん、再就職の意思があることが前提です。再就職先が決まっていない場合は、すぐにハローワークで申請手続きをしておきましょう。

失業手当は原則、退職の翌日から1年間しか受け取れません。手続きは地元のハローワークでおこなってください。次のものを持参しましょう。

- 離職票（退職後に10日以内に会社からもらう）
- 雇用保険被保険者証
- 住民票、運転免許証、健康保険証など身分を証明できるもの
- 写真2枚（3センチ×2・5センチ、正面上半身、3ヶ月以内に撮影されたもの）
- 印鑑（認印でも可）

・本人名義の預金通帳

ちなみに、65歳定年で失業の手続きをする場合、失業給付は基本手当ではなく、一時金で支給される「高年齢求職者給付金」に変わります。これは50日分の支給です。65歳を超えると、雇用保険と年金の支給調整はおこなわれないので、二重に受けることができます。

裏ワザ的な話になりますが、65歳に達する日とは、誕生日の前日のことです。その日、つまり誕生日の二日前に退職し、もろもろ退職の手続きを経て65歳になってから失業給付の手続きをすると、基本手当を受けたまま年金を受給できるという状況を作ることができます。

しかし、65歳が定年の会社では、誕生日の前々日での退職は自己都合退職となるので、原則3ヶ月の給付制限がつきます。ただ、3ヶ月間待っても、年金と両支給を受けられる期間が長くなるのはメリットが大きいので、働き方としてる余地があれば考えてみてもよいでしょう。

とはいっても、会社でもっと継続的に働けるのであれば、そのほうが収入は安定しますから、無理にこの制度を利用することは得策ではありません。

また、病気やケガなど体力的に問題を感じ、もう働くのはムリかなと考えているような状況では、雇用保険の給付を受けるのは難しいでしょう。あくまでも働く意欲と条件がそろっている状態で給付の手続きができるということです。

なお、次のような制度もありますので知っておきましょう。

高年齢雇用継続給付　**60～64歳で、再雇用などで働いた賃金が現役時の金額の75％以下に下がったら、給付金が出る。**

条件1　**60歳以上65歳未満で、雇用保険一般被保険者の方**

条件2　**雇用保険の被保険者であった期間が5年以上ある方**

条件3　**賃金が60歳時点と比較して、60歳以降の賃金が75％未満の方給与の低下率により、0～15％の幅で支給率が算出される。**

生きがいづくりが実は節約につながる

仕事や子育てが生きがいだった青年期・中年期とは異なり、老後に「生きがいを」と言われても……と困惑する方もいらっしゃるかもしれませんね。

実は「生きがい」は、健康とお金と密接な関係があります。

さまざまな研究がありますが、目的・目標意識を持つような「生きがい」を見つけて暮らすことは、体や心の健康の維持に非常に有効であることは間違いありません。老後生活の質を高める大きな要素です。

では、生きがいとはどういうものなのでしょうか？

老後生活の質を高めることは、なぜ必要なのでしょうか？

「生きがい」は辞書を引くと、生きる意味、価値、目的、目標、生きていてよかったと思えること、などと書いてあります。なにやら難しそうなものにも聞こえてきますね。

現役で働いているうちは、生きがいとは自分の仕事や家庭での目標を達成したり、自分自身の成長・向上のようなものを指していたかと思いますが、定年後は少し意味合いが変わりそうです。

老後に感じる生きる意味や価値、目標などというものが生活の質を高める要素になります。

生活の質を高めたいという思いがあれば、まず、健康に気を配れるようになりますし、金銭的なやりくりも考えられるようになります。

なぜ老後になると、あらためて「生きがい」が必要となってくるのでしょうか。そこには、定年時期による役割の変化が大きく影響してきます。

定年になると、退職により社会的役割を喪失した感覚が強くなります。前述のとおり、経済的な役割においてもそうですが、再雇用で仕事を続けたとしても現役時のような仕事上の責任は生じなくなるので、ここでもやはり喪失感を感じるでしょう。

特にモーレツサラリーマンの男性の場合、家庭内での役割も変化しますから、自分の居場所がないような、孤独な気持になりがちです。

そういう喪失感の積み重なりや、孤独感というものから、自分は社会的に無用な人間になってしまったと考えてしまい、自分が生きている意味がわからなくなってしまうという方も多いようです。

理想的な老後の過ごし方とは？

とはいえ、過ぎた状況をいくら取り戻そうとしてもかないませんから、発想を転換させることが必要ですよね。

仕事や高額な旅行、習い事ばかりが生きがいではありません。お金をかけずに、社会の役に立ちながら自分自身の生きがいにつなげられる方法は多々あります。

たとえば、最近は高齢者による福祉関連のボランティア活動の有効性が言われています。

ボランティアを受ける人も助かりますが、ボランティア活動をする方自身の健康の維持、自立行動の維持、生きがいにつながるなどの効果を出しています。ボランティアを通して、自分の新しい役割を見つけ出せるのです。お互いに役に立てる理想的な関係といえるでしょう。

また、生涯学習という取り組みも盛んですね。生涯学習とは、世代や立場などを区別せず、誰でも学ぶことができる制度です。

経済学、社会学などという難しそうなものから、趣味・教養にいたるものまで幅広くあり、公民館で気軽に受けられるものもあれば、大学で学ぶものまで、さまざまです。

学ぶということもまた、新しい興味や発見があり、よい効果を生み出します。新しい事柄を習得していくということは、生活にハリが出てきます。また、自分が望む生きがいを見つけるきっかけになるかもしれません。

たとえば……。

・再就職
・地域ボランティア
・ベビーシッター
・小学生向け寺子屋

生きがいは生活の質を高め、人生の充実、喜びにつながるものですが、何に生きがいを見いだせるかは十人十色、千差万別です。

趣味、教養、学習、就労、起業、社会貢献など、人により生きがいを感じられるものは異なるものですから、定年前の段階から、退職後にやってみたいことを見つけておくことはおすすめしたいことの一つです。

現在104歳の医師、日野原重明先生も、コラムや講演などで「医師を続けていることが生きがいだ」とおっしゃり、生きがいが長寿を生むというお話をされています。ご自身も100歳を超える年齢とは思えないほど精力的に講演や執筆をこなし、自らを例に充実した老後生活について多くの方々に伝えておられます。生きがいを持つ老後人生のお手本のような方です。

私の住む町の高齢者のみなさんを見ていると、こういうことかと納得します。町内会の活動や、民生委員、国勢調査の委員、子ども会など、中心になって活動する頼もしい方が多いのです。

共働きの家庭が多い中、地域や季節の行事の中心になって声をかけてくれる様子に、行動力や責任感、行き届いた配慮を感じます。忙しさに流されている自分たちに、老後はこうありたい！　と希望や楽しみを感じさせてくれる存在です。こういう生き方もまた、「生きがいを持った老後」といえるのでしょう。

コラム4

年をとっても働くことで毎日いきいき

●いつも笑顔で周囲を幸せにするおばあちゃん

私事ですが、私の母の話をしたいと思います。

私や兄など子どもがみな成人したあと、母は60歳で離婚しました。当時は年金分割制度がなかったので、現在もらえている年金はごくわずか。でも、82歳の今でも強く明るく生きています。

今思うと、生きるための環境づくりが上手なのでしょう。離婚後は、北海道から東京へ転居したのですが、新しい土地でよく働いていました。近所のお蕎麦屋さんや、洋服屋さん、いろいろなところで働き、職場の人やお客さんと交流を持つことでたくさんの友人・知人ができました。

そして、その友人たちと社交ダンスを楽しんだり、温泉に行ったり、食事に行ったり楽しい時間を過ごし、それは今でも続いています。

若いころに取得した調理師の資格も生かして、友人の飲食店の人手が足りないときは、「働きに来て！」と呼ばれたりもしているようです。急に呼ばれても、母はニコニコとうれしそうに出かけます。

また、同じように友人の紹介でお掃除の手伝いに行ったり、子守りの手伝いに行ったりと、必要とされながら、楽しく少しずつ仕事をして（多くはないですが）自分なりの収入を得るという暮らし方をしています。

もちろん、私の会社も月に2、3回掃除をしてもらい、しっかりと収入源にしています（笑）。

現在、住まいこそ私の兄の家族と同居していますが、食費や日用品、交通費、交際費などの生活費は、今でも自分で捻出しています。

ときどき、体力が落ちてきた、前はできたことができなくなってきたと嘆いていますが、自分で何でもできる、おこづかい程度は自分で稼げるという自信が、生活をよりいきいきとさせているのではないかと思うのです。


我が母ながら、うらやましいと思うのは、熟年離婚で精神的にも経済的にも厳しかったのに、周りの人に支えられながら、いきいきと〝今を楽しそうに〟生きていること。

友人・知人がいなければ、金銭的にも厳しく生活も苦しかったかもしれません。ですが、いつでもどこでも笑顔で、孫には可能な限りおこづかいやお菓子などを与えてくれます。

正直、高齢の母を働かせていいのだろうかと疑問を持ったこともありました。しかし、母本人が選んだことですし、何より本人のためになっていることがわかったので、そういった心配は今はもうしていません。

老後生活はこのように楽しく生きていけるものだということを、最も身近な母から学ばせてもらっています。私はこんな母を尊敬しています。

●大好きな仕事で輝くセカンドキャリア：タクシー運転手さん

以前、会合の帰りに乗ったタクシーの運転手さん。実に楽しそうに運転しているので、お話を聞いてみました。

お年は62歳です。「働くっていいね！」と大きな声でおっしゃいます。

前職は公務員で、退職金も出ているので、働かないでのんびり過ごすこともできたそうですが、前職ではできなかった仕事をどうしてもやってみたかったそうです。

趣味は車。とにかく運転するのも、お客さんとのおしゃべりも大好き。ときどき道を間違って怒られることもあるけれど、それよりも喜ばれたときがうれしくて、この仕事がやめられないのだそうです。お客さんにアメをあげて喜ばれることもあるし、おしゃべりに花が咲くことも。

「○時ごろ、ここに迎えに来てほしい」とお客さんに指名されることが多くなってきたそうで、「仕事の成績もいいんですよ！」と、少々自慢げです。

収入がどうこうというよりは、大好きな車に関わる仕事で、しかもがんばった結果がついてくるという部分にやりがいと満足を感じているそうです。

本当にこの仕事が好きなのだなと思わせる運転手さんでした。私も車が好きなことを話すと、「あなたも人と車が好きなら、ぜひ、定年後はタクシー運転手をやってみなさいよ！」とすすめてくれました。

老後の自分の役割を一家の稼ぎ手ととらえ、経済的に困ってはいないけれど、やりがいと収入を伴う仕事を継続したいと考えている男性像そのものだと思いました。

今の職場は友人・知人も多いそうで、大満足だそうです。

「もう少し年をとると、運転が危なくなってくるだろうから、事故を起こさないように早めに引退し、今度はまた、別の仕事を自分で起業してやってみたいんですよ」

とても60を超えた人とは思えない、バイタリティあふれる表情で、いきいきと話していました。老後を充実して生きるとは、こういうことなのだろうと実感する出来事でした。

6章
誰もが避けては通れない！
老後の健康と介護

健康維持が老後資金のカギとなる

働く人にとって定年前後（だいたい60〜65歳くらい）は、精神的、身体的、社会的にさまざまな変化が起こる時期です。

子どもの独立、友人知人、親族などとの別れ（死別など）や退職などで、精神的に孤独感を強く感じることが多くなります。

そして、老化によって今までできていた運動・動作ができなくなり、持久力も低下するため、身体機能の低下を感じ「自分はもうダメになったなあ」と感じることも増えるでしょう。

一般的に定年を迎えると、再雇用か転職か、もう働かず好きなことをするなど、その先の生き方を決めることになります。どのような選択をしても、今までの役割が変化した感覚や喪失感などが生じ、自分は社会に必要とされていないのではないかと感じてしまうことも多いようです。

これらは単に「老い」からくる変化なのですが、受け入れる、向き合うという状態になるには、やや時間がかかるもの。

ただ、自分の人生のステージをきちんと受け入れ、今できることを理解すれば、楽しい暮らし方を見つけ、満足度の高い人生を全うすることができると私は思っています。

幸せな老後生活に大切なことは、次の3つと言われています。

1 健康である

2 生きる楽しみがある（生きがい）

3 お金に困らない

これらは持ちつ持たれつです。一つがよければすべてがよいほうへ向きやすいですし、一つがうまくいかなければ、全体的にうまくいかないという傾向になりがちです。

つまり、老後生活のＱＯＬ（生活の質）を維持するために不可欠な要素であり、この3つが充足されていれば、「楽しい老後生活」を送ることが可能であるともいえます。

では、まず1の「健康」がいかに大切か。健康であることは、充実した楽しい生活を送るための土台です。なぜかというと、

・病院にかかる頻度が少なく、家計にやさしい（お金が減らない）
・きちんと体が動かせれば、介護は不要（介護費が不要）
・入院や体につらい治療がない

・ボケなければ、自分の意思でいろいろ決定できる。人生を自分で決められる
・社会的役割を果たすこともできる
・人とコミュニケーションをとれる

ほかにも多くのメリットがありますが、やはり人間らしく、はつらつとした人生を送るために、可能な限り「健康を保つ」ということは大切なのです。

単純に金銭的な面から見ても、これ以上の節約はありません。

ただ、残念なことに、50代半ばから60代ともなると、誰しも調子のよくない部分が体のどこかに現れるもの。防ごうと努力して防げるものもあれば、防ぎようのないものもあります。

そのため、必然的に病院の診療代、薬代などの医療費がかかる状況をまぬがれなくなってきます。

次ページの図、厚生労働省の「国民医療費の概況」を見てもわかるように、60歳を過ぎると急激に医療費が増加します。

俗にいう「三大疾病（がん・急性心筋梗塞・脳卒中）」にもかかりやすくなりますし、たった一度のケガが寝たきりや認知症につながってしまうというケースも増えてきます。

また、リタイア後の「うつ病」も見逃せません。（203ページの図参照）前項でもお伝えしましたが、定年前後の社会的な役割の変化、生活環境・生活の仕方の変化がストレスとなり、うつ病を発症してしまう人が意外と多いのです。

このように健康に心配な事柄が出てくると、医療費が生活費を圧迫しはじめます。

日本の健康保険の制度では、高額療養費制度があるので、所得や年齢により決められた医療費の自己負担額の上限以上の金額は補てんされます。

年齢別１人あたりの医療費

（単位：円）

	合計（男女合わせて）	男性	女性
55～59歳	291,500	316,600	266,700
60～65歳	378,900	423,400	336,000
66～69歳	476,800	534,700	423,400
70～74歳	624,700	691,300	566,700
75～79歳	776,300	857,900	712,700
80～84歳	914,000	1,012,400	849,900
85歳以上	1,036,700	1,142,600	994,500

（「平成24年度人口一人あたりの医療費・国民の医療費の概況」より）

実際には健康保険があるので、上記の金額をそのまま負担するわけではありませんが、50代のころと比べて80代の医療費がずいぶん高くつくことがわかりますよね。

ですから毎月の医療費が何十万円というふうに莫大にふくれ上がるということはありませんが、それでも年金生活の中から毎月1万円とか、多い場合ですと4万円などの医療費が出ていってしまうと、金銭的負担はかなり大きいですよね。

生活が苦しいと感じると、生きがいにつながるような活動、たとえば趣味とか、ボランティア、シルバー人材センターなどで働くこと自体もつらく感じるおそれがあります。

生命保険に加入しておけばよかったと後悔したり、もう楽しく暮らすことはできないのかとあきらめたり、ネガティブな気持ちになるかもしれません。

新しいものを学ぼうという気力も起こりにくくなり、あきらめがちに残りの人生を生きていくことになりかねないわけです。健康が損なわれることで、お金の面だけでなく生きがいの面も損なわれてしまうのです。

年齢別うつの発症人数

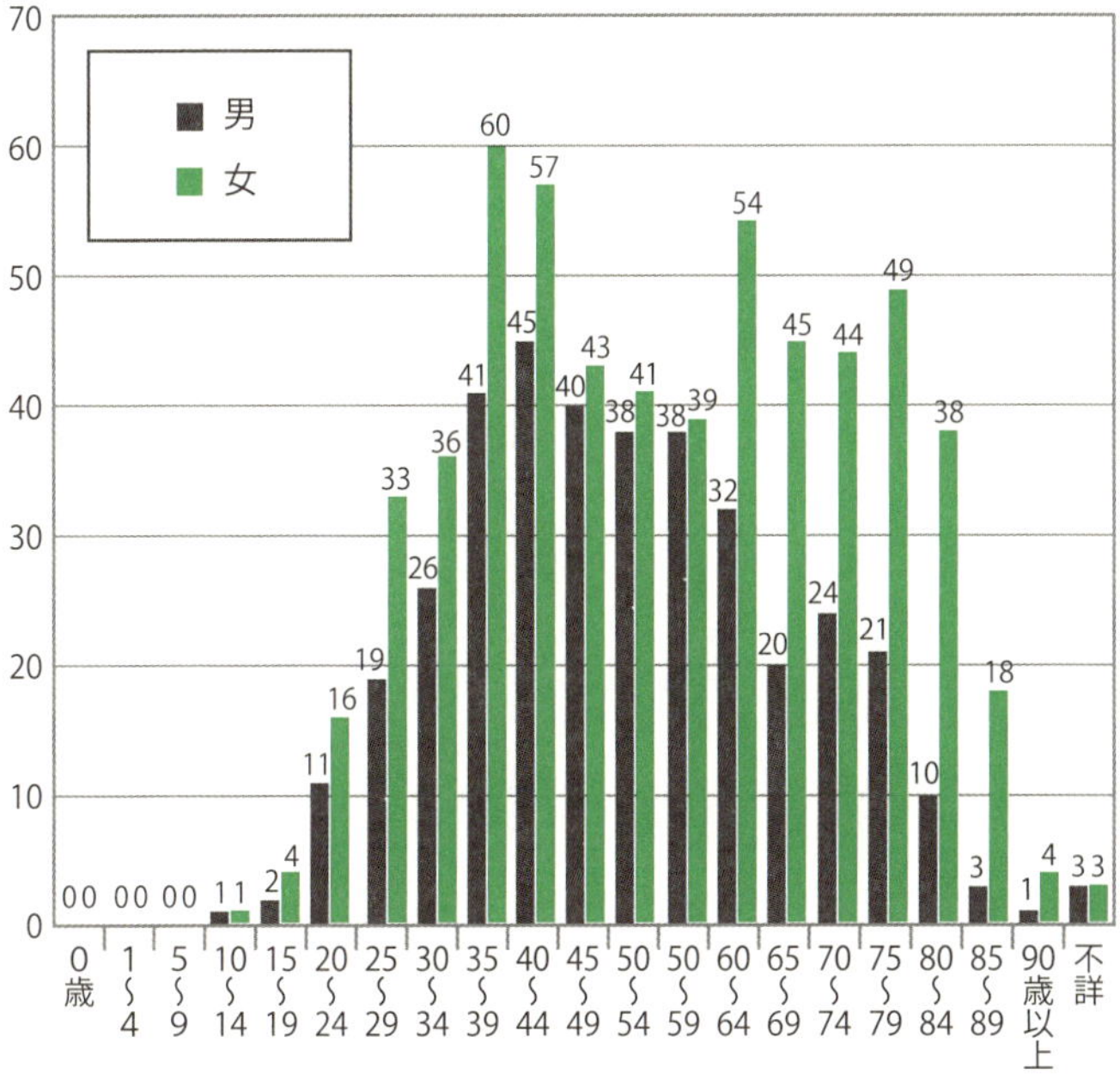

（厚生労働省　平成23年患者調査　表63より作成）

働きざかりのうつが注目を集めていますが、高齢者のうつも見逃せない発生率です。リタイアしたことによる喪失感や健康の悪化など、さまざまな要因が考えられます。

予防しつつも病気や不調とつきあいながら生きる

もちろん誰しも好き好んで病気になるわけではありません。だからこそ、体調の悪化を受け入れる・受け止めることも大切ではないかと私は考えています。

老後の病気の例とはちょっと違いますが、お酒も甘いものも大好きだった私は30代で糖尿病を発症しました。

幸い命に関わる事態ではありませんが、毎日必ず薬を飲み、飲酒や食事にもかなり気をつかわなくてはなりません。正直に言えば、これを一生続けるなんて面倒だ！　もうイヤだ！　と思うこともあります。

ですが、私には6人の子どもと大切な妻がいますし、仕事も大好きです。

薬を飲みながらでも楽しい人生は送れています。だったら、病気になったことを受け入れて、そのうえで前に進んでいくことを選びたいと思っています。

老後に増えてくる病気やケガといった体調不良とつきあいながら、残りの人生をポジティブに生きることを考えていきたいものですね。これ以上の悪化を防ぐために、できることに取り組めばいいのですから。

まだ健康に問題のない方は、実感しづらいかもしれません。でも、老いによる衰えは誰にでも訪れます。

まずは予防を第一に考え、食生活を整え、体を動かすこと。体を動かせば、体幹がしっかりし、転倒しにくくなりますね。活動することができれば、人に会うことも多くなり、刺激が増え、考えることも多くなるでしょう。うれしい、悲しい、楽しい、悔しいなど、さまざまな感情もわいてきます。

こういった生きるハリにもつながる事柄は、ボケ防止にもつながり、健康の維持にも大きく影響します。「ピンピンころり」とよく言われる理想の最期の迎え方も可能になるかもしれません。実際に、このようなケースがありました。

病院で糖尿病と言われ、インスリン治療を始めたミチヨさん（67歳）。毎月の診療費は3割負担で2万円ほどになり、年金生活の身にはつらいと言っていました。病気について勉強して、食事療法だけでなく運動も効果的と知り、市民プールに毎日通いはじめることに。プールで水中をひたすら歩く運動を続けたところ、血糖値がみるみる下がり、インスリン治療は不要、最低限の服薬のみで症状はよくなりました。病院代は月額6000円ほどにおさまり、プール代をあわせても月々1万円ほど。ミチヨさんはプール通いを続け、今では友人もでき、毎日活発に過ごせています。

健康維持、すなわち医療費が減り、結果としてお財布にやさしい老後生活を送ることができるということを覚えておきましょう。

家族や自分の介護費用について知っておくべきこと

老後に大きな問題となるのが介護です。

同じ高齢者でも元気でスポーツや旅行を楽しんだりする人もいれば、認知症や寝たきりになってしまったりする人もいますが、現在は医学の進歩のおかげで、人の寿命はかなり延びています。

いわば、老後生活を送る我々の「命の量」は増えている、といっていいでしょう。

しかし、その生活の質はどうなのでしょうか?

質はその人自身にゆだねられたり、社会的保障にゆだねられる部分も多いものですし、よい状態で保てるかどうかはまったく保証されていません。

では、生活の質がよい状態というのはどういうものでしょうか？

それは、自分で生活における行動・判断ができて、自分らしく暮らしていける状態です。

介護が必要になるということは、そこが損なわれている状態です。どんなに元気な人でも、高齢になればそうなる可能性はあります。だからこそ、そのときのことを想定しておく必要があるのです。

前置きが長くなりましたが、介護にかかるお金はいくらくらいなのでしょうか？

「在宅サービス」を利用するのか、「施設サービス」を利用するのかにより、金額は変わります。

公的な介護保険を利用すると、多くの場合、自己負担額は1割。一定以上の収入（年金＋その他の収入の合計金額が、単身者の場合年額２８０万円、二人以上の場合年額346万円を超える）がある場合は2割です。

訪問サービスを取り入れながら在宅で介護するとなると、要介護状態の場合、介護費用だけではなく、医療費もかかるため、毎月の自己負担は4～6万円ほどになる見込みです。

あとはこの状態がいつまで続くのかによるのですが、平均的な介護期間は4年9ヶ月（生命保険文化センター調べ）。となると、合計で228万円～342万円の介護費がかかるという計算になります。


公的な施設サービスを利用するとなると、月額の自己負担は収入にもよりますが8～20万円ほど。

老人ホームなどですと、入居費として数百万円が必要なケースがあるようですが、民間に比べると負担は少なくすみます。民間施設だと、入居時に数百万～数千万円が必要というところもありますね。

多くは、親御さんの年金などから支払い、不足分を家族が負担するというケースです。入所していても、若干の買い物を楽しんだりはするでしょうから、おこづかい分も必要。

入所される方の年金額によっては、家族の負担が14～15万円にのぼる場合もあり、負担が大きくなります。

こういった場合、多くのご家庭ではどのように負担しているかというと、きょうだい一同で出し合うケースが多いです。家族・親戚の協力なしに、状況を乗り越えることは難しいでしょう。

親御さんが施設に入所された場合、施設費だけではなく、面会や差し入れなどにもお金がかかります。ちなみに配偶者の方が入所すると、毎日残されたほうが毎日面会に通うというケースもあります。

入所されている方はその面会を励みに、施設生活を送られていることも多いため、面会を簡単にやめられない場合も多いものです。

介護保険の支給額について

介護度	介護度の目安	支給限度額	自己負担額（支給限度額の1割）
要支援1	基本的な日常生活の能力はあるが、身の回りの世話に一部介助が必要。	50,030円	5,003円
要支援2	立ち上がりや歩行などがやや不安定で、入浴などで一部介助が必要	104,730円	10,473円
要介護1	立ち上がりや歩行が不安定。排泄、入浴などで部分的に介助が必要。	166,920円	16,692円
要介護2	立ち上がりや歩行などが自力では困難。排泄、入浴、衣類の着脱などで介助が必要。	196,160円	19,616円
要介護3	立ち上がりや歩行などが自分ではできない。排泄、入浴、衣類の着脱等で全体的な介助が必要。	269,310円	26,931円
要介護4	排泄、入浴、衣類の着脱などの日常生活において全面的に介助が必要。	308,060円	30,806円
要介護5	寝たきり状態。日常生活全般に全面的な介助が必要。	360,650円	36,065円

（自治体によって金額は異なります）

限度額を超えた分はすべて自己負担となります。たとえば要介護2の方が、月に 22 万円分のサービスを受けた場合は、23,840円の負担となります。

施設の近くにお住まいで、簡単に面会に行ける環境であれば負担は少ないと思いますが、遠方ですと交通費もばかになりません。

これまで見たケースでは、札幌の施設に入所しているお母様の面会のために、月に一度、東京から来られる方がいました。

札幌の施設に入所していたのは、東京近郊はなかなか入所できなかったことに加え、お母様の育った土地だったから。来るたびに2週間ほど滞在するというペースでしたので、比較的通いやすいところに安いアパート（家賃3万5000円ほど。札幌では十分なワンルームを借りられます）を借り、月の半分は札幌、もう半分は東京の自宅で暮らすという二重生活を送られていました。

かかる費用は、アパート代に加え、往復の飛行機や、毎日施設に通うバス代などで、毎月10万円以上です。このように、費用がかかってしまう介護法を選択せざるをえない場合もあります。

介護保険で利用できる居宅サービスと施設サービス

居宅介護サービス

＊訪問介護
＊訪問入浴介護
＊訪問看護
＊訪問リハビリテーション
＊居宅両用管理指導
＊特定施設入居者生活介護
＊通所介護
＊通所リハビリテーション
＊短期入所生活介護
＊短期入所療養介護
＊福祉用具貸与

→ **利用時の見込み費用：月額４～６万円**（医療費含め）

施設サービス（介護保険で入所できる施設は下記の３つです）

＊介護老人福祉施設（特養）
＊介護老人保険施設
＊介護療養型福祉施設

→ **利用時の見込み費用：月額８～20 万円**（施設により異なる）
交通費や差し入れなどもかかります。

施設入所となると、費用がかなり高くつきます。親が遠方に住んでいるなど、在宅介護できる人は限られているため、施設を利用せざるをえません。また利用者が多数いるため、施設入所自体がかなわないという実態もあります。

また、一人っ子で単身の方の場合、なかなか施設に親御さんを入れられる経済状況を作れない場合があります。在宅で介護するにしても、仕事、家事、介護すべてをこなしていくことが難しく、介護のために仕事をやめてしまうというケースも多くあります。

介護貧乏におちいりやすいのが、このように親の介護、配偶者の介護のために仕事をやめ、無収入になってしまうというケースです。

はじめは蓄えがあり、何とかやれたとしても、蓄えが底をつき、再就職など働きに出ることも難しい状況となると、生活もままならなくなってしまいます。

また、老老介護など高齢者同士での介護の場合、体力的な消耗が激しく、介護が困難になりやすいのです。介護疲れで共倒れとなることがよくあります。

トイレや食事の介助、徘徊の監視も大変な重労働ですが、寝たきりになり、床ずれ対策が必要になると、さらに大変です。床ずれは治りにくいうえに、感染症になりやすい。ですから予防のために1時間、2時間ごとに体位交換が必要です。

これは、たとえ若い人が介護にあたったとしても、ゆっくり休むこともできず、大変な重労働です。

こういった状況を外部の人に相談できていればいいのですが、家族だけで家にこもり、悩んでばかりいると、貧困や虐待などの生活状況を生んでしまうことになります。

そういうことが起きないよう、介護が必要な事態となったら、近所の方に相談することも大切ですし、自分たちの状況を説明し、使える制度がないかと役所などに問い合わせることも必要です。金銭的な相談であれば、われわれファイナンシャルプランナーがサポートできる部分もあります。

なお、年金生活で困ったときに使える公的サービスについて247ページからご紹介しています。

とにかく、内にこもらず、外部におおらかに話せるような環境を作っておきたいですね。

7章

意外な落とし穴
生命保険の払いすぎに気をつけて

生命保険の良し悪しがわからないというあなたへ

「生命保険」について、私が最初に相談者さんたちにお伝えしているのは、「基本的な大枠だけでも理解してほしい」ということです。

相談を受けていると、「保険はよくわからないんです」「実は自分がどのような保険に入っているか理解していない」「ややこしいので苦手です……」という声をよく聞きます。

保険とは、そんなに複雑なものなのでしょうか？

たしかに、深く理解しようと資料を読み込んでいくときりがないジャンルでもあります。

とはいえ、それはあくまでプロにとって必要な知識です。

みなさんは保険の専門家になろうとしているわけではありませんよね。つまり、全部が全部理解する必要なんてないのです。保険の基本がわかっていれば十分。すべてを理解しようと身構えるから、面倒だし、混乱してしまうのです。

保険がよくわからないという方には次の2タイプがいらっしゃいます。

1　他力本願タイプ　よくわからないから「誰かにすべておまかせ」してしまう

2　結局先送りタイプ　完ぺきに理解するぞ！と張り切りすぎて歩みが遅くなる

私が一番危ないと思っているのは、1の「自分で知ろうとはせず誰かに完全依存してしまう他力本願タイプ」です。実は、もっとも多いタイプでもあります。保険の外交員にすすめられるまま加入した、面倒だから親やきょうだいが入っている保険と同じものにした、というような方々ですね。

仕事で忙しいから保険について調べている時間がないとか、ややこしいから何度パンフレットを読んでもよく理解できないという事情は、よくよくわかります。

ですが、少々厳しく言わせていただくと「あわよくばラクをしたい」という思いがその根本にありませんか？

誤解しないでいただきたいのですが、私は「ラクをしたい」「人を頼る」ことを否定しているわけではありません。

ただ、この考え方だけで進むと、知らない間に貴重なお金をどんどん失っていく最悪のパターンにはまってしまう危険性が非常に高いのです。


ちょっと想像してみてください。

仮にカメラが必要になったとします。でも、あなたはカメラにはまったく詳しくありません。

親切な店員さんに言われるがままに買うのがいいのでしょうか？　もしくは、あらゆる資料や口コミを調べつくし、非常に詳しくなってから買いに行くのがいいのでしょうか？

そうではありませんよね。自分がどのような使い方をしようとしているのか、そのうえでどのような機能が備わっていればいいのか、だからこれくらいの予算でいい、という大枠を決めていないままでは、満足のいくカメラには出会えないでしょう。

大枠を決めておかないと、すすめられるがままにプロ用の一眼レフを買ってしまったり、価格は安いが性能が足りないデジカメを買ってしまうこともありえます。画素数が高いもの、はたまた軽さやバッテリーなどを優先させるとか、何も知らなければ絶対に自分の要望は盛り込めませんよね。

保険も同じです。

「何か、いい保険をください！」――こんなスタンスでは、お金や時間をムダにしてしまいますし、保険の本来の意味であるリスクヘッジ（危険回避）にはならないのです。この先ずっと迷い続けてしまう「保険ジプシー」になってしまうかもしれません。

自分に合った保険を選ぶためには、やはり自分自身がある程度理解していないと判断できないのです。

金額の大小はあれど誰しも限られた収入の中から長期にわたって支払い続けるのが保険です。

日々の細かな節約をがんばっているのに、自分に合わない保険に10年、20年と払いつづけていれば、結局は大金を失うことになります。カメラ代の比ではありません。それってものすごくもったいないし、怖いことです。

そうならないために、やっぱり少しは知ろうとしなければいけないのです。今まで避けてきた人も、これから老後を迎える今がラストチャンスです！

では、保険の最低限の基礎知識を次のページからお伝えしていきたいと思います。

ただ、本書は保険についての本ではありません（正直、保険についてすべて解説しようと思ったら分厚い1冊の本くらいになってしまいます)。

ページ数の関係から、最低限の基礎の基礎だけをお伝えします。

そうはいっても、これを理解しておけば、十分な知識がついたともいえるレベルといえると思います。考えながら読み進めてみてください。

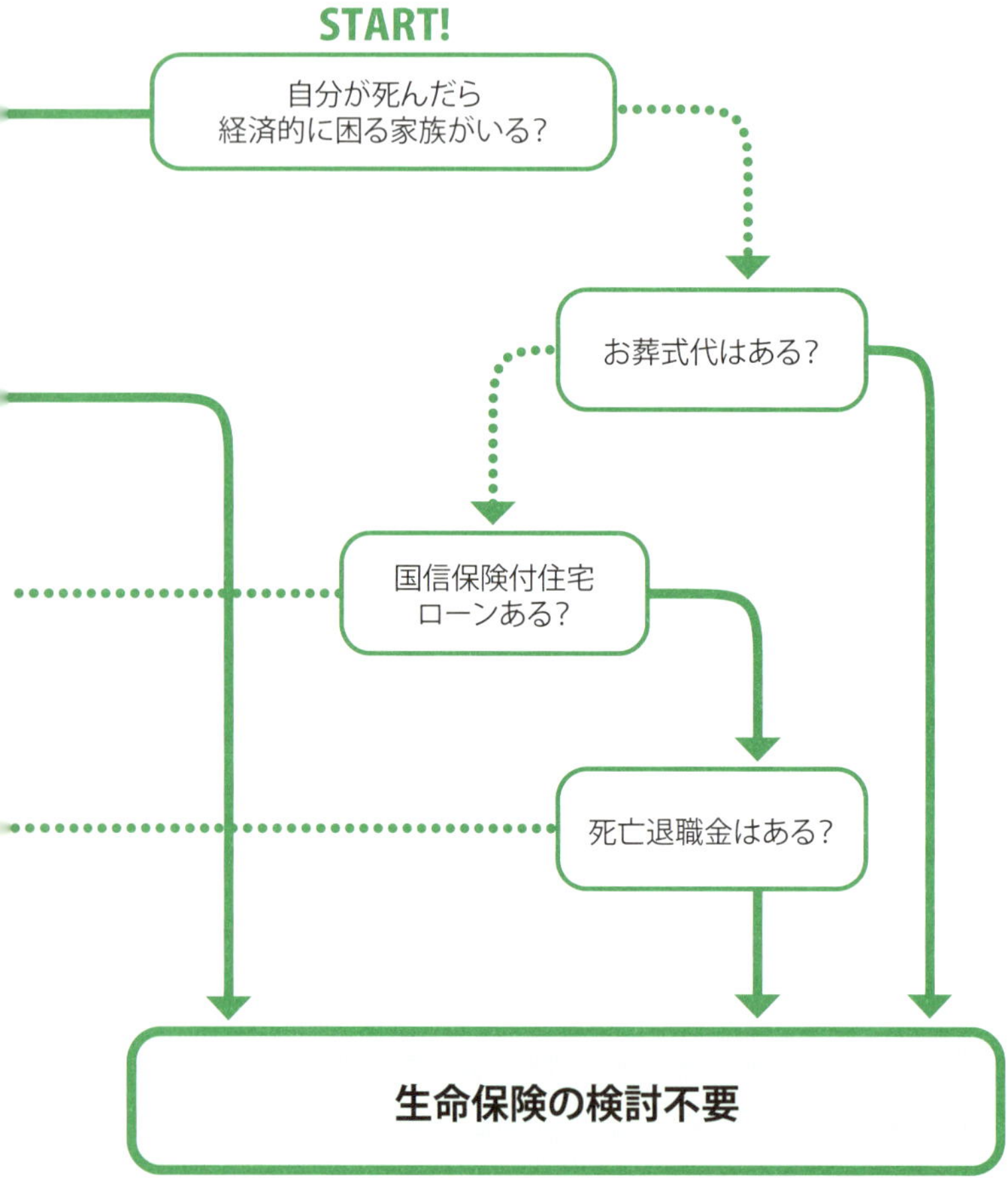
START!
自分が死んだら
経済的に困る家族がいる？
お葬式代はある？
国信保険付住宅
ローンある？
死亡退職金はある？
生命保険の検討不要

生命保険の見直し基準

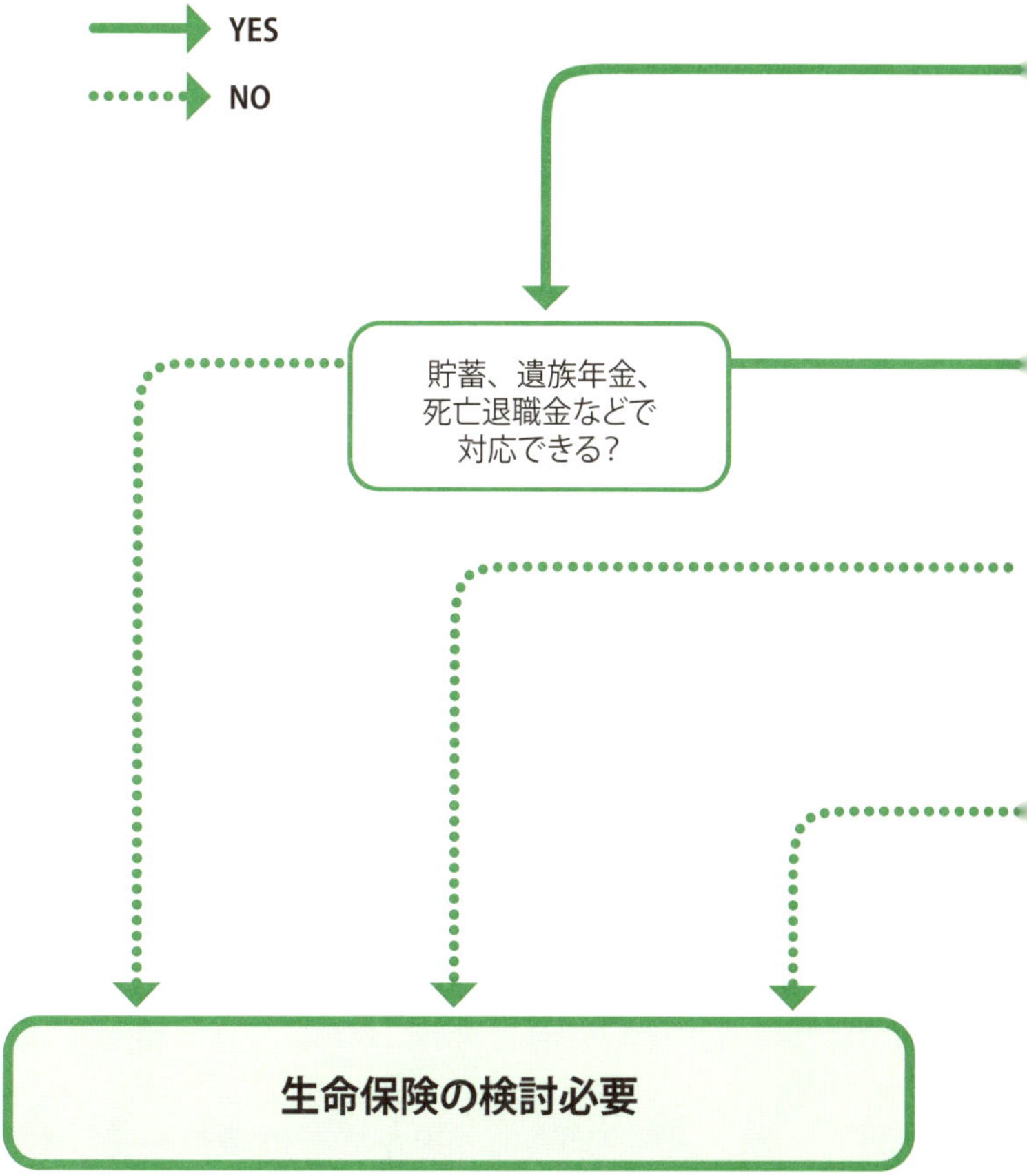
YES
NO
貯蓄、遺族年金、
死亡退職金などで
対応できる?
生命保険の検討必要

生命保険には入るべき？
保険と貯蓄の違いとは？

まず「貯金は三角、保険は四角」と覚えてください。

貯蓄は毎月積み立てて、時間の経過とともに増えていきますが、保険は時間の経過に関係なく、契約すればすぐに準備しておきたい額ができあがるのです。

たとえば、月々５０００円ずつ貯金をしていくと、６万円貯まるのは１年後。

ですが、５００万円の死亡保険金を保障してくれる死亡保険に加入すれば、たとえ加入３ヶ月目で１万５０００円しかまだ支払っていなくても、５００万円が保障されます。

保険はいってみれば、我々お金がない庶民の味方なのです。

そのメリットを理解したうえで、最大限活用したいところですね。

とはいえ、生命保険はお金を払えば誰でも入れるというわけではないのです。基本、保険は健康でないと加入できません。病気でも入れる！　とかカンタンな告知だけでOK！　とうたっている保険会社も多いですが、よくよく資料を読み込むと細かい規約が存在します。

ですから健康なうちに、見直しをしておきましょう。

とくに40代後半～50代前半は保険を見直すラストチャンスです。

高齢になればなるほど保険料が高くなるうえ、健康上の問題も出てくることが多くなり、保険に加入できなくなるケースも多々見受けられます。

生命保険の3つの役割
自分に何が必要か考えよう

保険を知るにはまずは次の3つがキーワードです。

1 **死亡** 死亡への備え
2 **医療** 病気やケガへの備え
3 **貯蓄** 将来の生活への備え

それぞれ、ざっくり解説しましょう。

1 死亡―死亡への備え

「死亡」保障には大きく分けて二つの役割があると思ってください。

一つは「精算費用」、もう一つは「遺族の生活保障」です。「精算費用」とは、葬式代やお墓代といった費用に備えること。「遺族の生活保障」とは、遺族の生活費の保障に備えることです。自分が生活を支えている家族がいる、自分が死亡すると経済的に困る人がいる場合は積極的に検討すべきでしょう。

2 医療―病気やケガへの備え

「医療」保障とは病気やケガで入院や手術をしたときにかかる医療費に備えることです。

ここには、がんになったときに手厚い保障が受けられるがん保険や、がんを含めた、急性心筋梗塞・脳卒中といった特定疾病の際に保障される保険も含まれます。先の「死亡」保障と違い、生きているときのリスクをカバーするものです。

そのため、家族構成に限らず、優先して検討すべきところです。

3　貯蓄―将来の生活への備え

「貯蓄」とは学資保険や個人年金保険などの、将来への貯蓄を目的として検討する部分です。一昔前は払い込んだ保険料が2倍、3倍にもなって返ってくるような、いわゆる〝お宝保険〟と言われるものが存在しましたが、現代ではそのような魅力ある商品は存在しません。とは言うものの、貯める仕組みの一つとして、利用を検討してみてもよいでしょう。

まずは理解できましたか？　そんなに難しくないですよね。

次は、あなたに必要な保険を絞り込む質問です。

3つの役割の中で、あなたには何が必要でしょう？　優先順位はどうですか？

仮にあなたが亡くなっても経済的に守るべき人がいない、あなた自身が生きていく際のリスクをカバーしたいだけなら、「医療」保険のみを検討してください。「死亡」保険は不要です。

たとえば、独身の方、夫婦であっても配偶者が働いていて子どもがいない方は、「死亡」保険は不要で、医療保険だけ加入しているという方が多いですね。

また結婚していて妻は専業主婦、子どもがいるなど経済的に守るべき人がいるのなら、やはり「死亡」保険を検討すべきです。（ただ、子どもはもう成人して独立している場合、不要とするケースもあり）

保険を使って老後資金を貯めていきたいというのなら、「貯蓄」を選ぶ方もいるでしょう。

つまり、一般的には「医療」→「死亡」→「貯蓄」という優先順位で考えます。

そもそも保険は、予測できない事態におちいってしまったときに十分な貯蓄がないから、保険に加入していざというときに金銭的に助けてもらうというシステムです。**ですから、「医療」や「死亡」、そして当然に「貯蓄」も、十分な蓄えがあるなら、保険はいらないとも言えます。**

保険の3つの役割とあなた自身の人生における優先順位、わかりましたね？

●死亡保険について

死亡保険の役割は2つあります。

亡くなった際の葬式やお墓代などの精算費用と、家族（遺族）の生活を守る、つまり生活保障の2つになります。

葬儀費用などは十分にあるのに、保険でも備えたいという方も意外と多いのです。でも本当は、貯蓄があれば不要とも言えます。

大事なのは後者。保障です。

しかし、これも一定の期間だけと見定めて保障をとるようにするといいでしょう。なんのための保障なのか？　配偶者の生活を守るというのもありますが、配偶者自身は遺族年金もあったり、最悪働くことができる場合もあります。

ですからどうしてもカバーできない部分、それは教育費ということが多いものです。

子どものための死亡保険の保障額は、子どもの学費などによって保障額は変えていいのです。まだ小さいお子さんと、大学をあと数年で卒業しそうなお子さんでは違いますからね。

子どものために入っていた死亡保険なのですから、一般的にその子が学校を卒業したら、保障額を下げていいのです、むしろ下げないといけません。子どもがあと10年で学校を卒業するなら、その10年間だけの定期保険でOKです。まして、子どもが学校を卒業した、もう教育費はかからないという状況の方は、保障は不要としていいのです。

つまり死亡保険はここで卒業です！

死亡時のお葬式代などの貯蓄があればいいでしょう。

●収入保障保険を活用しよう

また定期保険の一種で、死亡保険金を1000万円などの一括ではなく、毎月10万円、15万円、20万円などと決まった金額を受け取ることができる「収入保障保険」というものを検討しましょう。

年数の経過とともに保障金額の総額も下がるため、月々支払う保険料も安く抑えることができるのです。死亡後に毎月定めた金額（10万円、15万円、20万円など）も一定の年齢までもらえるので、天国からのお給料なんて呼ばれることもありますね。

最近では死亡したときだけではなく、重大な疾病になられたときや介護が必要になったときにも受け取れる商品に人気が出てきているようです。

死亡・医療・貯蓄が1つにまとまった保険がおトク？

では、これら3種の保険、バラバラで必要な保険だけに入ることができるのでしょうか。まとめて一つにパックになっているのでしょうか？

実は、両方のタイプが存在します。

一つの商品に三つの機能全部が備わっているもののほうがよさそうに思われるかもしれませんが、そうとも言いきれません。余計な保障までついていたり、保障内容がすべて中途半端で、バランスやコストパフォーマンスが悪いものもあります。何より更新に次ぐ更新（ちなみに保険会社はどんどん新商品を出していきます）で、支払額がどんどん高くなっていく商品もあり、割高感が出てきてしまうものが多いのです。

そういったことを解消するために、医療・死亡・貯蓄とそれぞれの保険に別々に加入して、あなた自身に必要な機能だけを備えることができます。

言ってみれば「オーダーメイド」ですね。パック保険のようなムダがないため、割安感もあります。「医療はA社のこれで、死亡はB社の定期保険とC社の収入保障保険で」といった具合にできるのです。

なんだかパック保険に入るのが損のような気がしてきたかもしれませんね。

では、今あなたが入っている保険は、前述のどちら（パック保険かバラバラの保険か）のタイプかわかりますか？　また、その保険は今後、価格は上がっていくものですか？

この場合、お手元の保険証券を見ればわかります。わからない場合、保険会社のサポートセンターなどに確認してみてください。

1　パック保険だった場合

保障内容を確認してください。死亡・医療・貯蓄のどの機能がパックされていますか？　先ほど絞り込んだあなたの優先順位に合っていますか？　そうでない場合、再検討の必要があります。

2　バラバラの保険だった場合

死亡・医療・貯蓄のどれでしょうか？　あなたに必要な保険ですか？　そうでない場合、再検討の必要があります。

1、2いずれの場合でも今後保険料が上がっていく保険であった場合（証券を見れば確認できます）、老後の年金生活で払っていけそうなのかどうかを考えてみましょう。難しそうなら、将来を見越して検討する必要がありますからね。

終身・定期・養老保険の仕組みを理解しよう

保険の種類は大別すると、次の3つになります。

1 終身保険

「終身保険」は保障が一生涯続く保険です。つまり、いつ死亡しても契約した保険金を受け取れるのが特徴です。人はいつか亡くなるので、やめないかぎり確実にもらえます。でもよいことばかりではありません。定期保険と比べて保険料は高く設定されていますし、大きな保障を備えるには不向きと言えるでしょう。

2 定期保険

「定期保険」は10年や20年、80歳までというように、契約時に保険期間を定め、その期間内のみ保障してくれる保険です。基本的には掛け捨て型です。そのため、途中でやめても、終身保険と違い、お金は貯まっていないので戻りません。ただ、一定期間の保障となるため、割安な保険料で大きな保障を得ることができます。子どもが独立するまでなど、保障を手厚くしたい期間が決まっている場合には向いています。

3 養老保険

「保障」と「貯蓄」の両方を兼ね備えた保険です。保険期間は一定で、保険期間中に死亡した場合には死亡保険金が満期時には死亡保険金と同額の満額保険金が支払われます。また保険期間の途中でも、解約返戻金を有効利用することができます。そのかわり、保険料は安くはありません。また保険期間も決まっているので、ずっと持っていられる保険ではありません。

これらのタイプが組み合わさって、すべての保険ができ上がっています。ぜひ覚えておいていただきたいのは、「終身保険」「定期保険」、定期保険の変形となる「収入保障保険」です。

ここでいう医療保険とはパックになっている商品でのことではなく、バラバラでそろえることができる保険のことです。大きく分けると、次の3つが（パック保険でない）医療保険のラインナップになります。

1　通常の医療保険　入院や手術をした際に保障される

2　がんや特定疾病保障保険　がんやがんを含む三大疾病などの大病になったときに医療費として給付される

3　介護保険　保険会社の定める介護状態となったときに給付金が支払われる

通常の医療保険には多くの方々が加入されていることでしょう。

また必要性が最近増している「がん保険」も加入者が増えてきました。民間の介護保険もあるに越したことはないのですが、保険料が安くないという観点もあり、加入者はまだ多くありません。

●医療保険は掛け捨てがよい？

よく聞かれるのが、「医療保険は掛け捨て？　貯めていくタイプ？　どう違うのでしょう？」という質問です。払い込んだ保険料が貯まっていくタイプの医療保険も出てきましたが、ほとんどの商品の場合、「掛け捨て」の商品です。

また医療保険だけではなく死亡保険もそうですが、保険の特性を大別すると「貯蓄性」と「保障性」に分かれます。

1　貯蓄性　**保障だけでなく、貯蓄性も兼ね備えています。払い込んだ保険料の一部が貯まっており、解約時または満期時に戻ってきます。**

2　保障性　**保障をメインにするため、基本的に貯蓄性はなく、保障が重視されているもの。払い込んだ保険料は、基本的に掛け捨てです。**

保険の仕組みをよく知らないと、払い込んだ保険金が貯まって将来返ってくるほうがいいなあ、とつい単純に思いがちです。しかし、本当にそうでしょうか？　たとえば毎月1万円の保険料を支払う貯蓄性の保険に入ったとしましょう。そのうち6割が貯まるという保険だったとします。

つまり、「貯蓄性：保障性＝6000円：4000円」ということです。

これで貯まってる！　と喜ぶ人もいれば、掛け捨てになるけれど保障性だけが安く手に入ればいいと保険料を3000円だけ払い、残り7000円を貯金または資産運用する人もいます。よく考えれば後者のほうが賢明だと言えます。

ざっくり計算して、1年で7万2000円、10年で72万円。かたや貯金で、1年で8万4000円、10年で84万円。ずいぶんな差がついてしまいますね。

保険は内訳が大事なのです。

●定期と終身を理解しよう

医療保険にも保障期間が一定期間となる定期型と、一生涯保障される終身型が存在します。

定期型は期間が定まっている分、終身型よりは保険料は安いのですが、更新時などに段階的に保険料が変化しますので、負担感に差があります。若いうちは安いのですが、年配になると上がるということが見過ごせないポイントです。

終身型は契約時の保険料が払い込み満了まで変わりません。

どちらがいいかはそれぞれの方の状況によって異なるので、ここでは断言できませんが、今後保険料が上がるのか否か（つまり終身型であるか）だけでも確認しておくべきでしょう。年金生活になったころ、毎月払えないほどの保険料に上がったとなれば、場合によってはその保険をやめなければいけません。

やめて別のものに入れればいいですが、高齢になればなるほど健康上の問題で加入できないこともありますので注意が必要です。

病気でも加入できる生命保険はおトク？

病気でも加入できる引受基準緩和型（無選択型）の生命保険は本当に便利なのでしょうか？　加入時の告知項目を3～4項目などに限定し、基準を緩和している商品です。持病を抱えていたり、服薬中の方でも加入しやすくなっています。

ただし、その分、保険会社からすればリスクがある人が申し込みすることを踏まえ、当然ながら保険料は割高になっています。

もしものときに備え、自分で医療費を貯めておくか、毎月割高な保険料を支払うのか、保険料を見て検討したほうがいいでしょう。

現時点で貯蓄が、老後の生活資金の他に、介護費用として500万円程度用意できている方は無理して加入する必要はないでしょう。

コラム

5

保険ショップの無料相談にはご用心

駅前や商店街、ショッピングモールなど身近に存在する「保険ショップ」。最近は急速に増えてきたように感じます。無料で親切に相談にのってくれますが、複数の保険会社と代理店契約を結んでいるため、完全に中立で公平かどうかは……ぜひ一度考えてみてください。

本当に無料で親切にその人のために、手間ひまかけて複数の保険会社からあなたにぴったりの商品を選んでもらえるのでしょうか？

すべての保険ショップを否定するわけではありませんが、完全に信頼してもよいとは私は思えません。私自身、家計相談の現場で毎日のように保険についての悩みをお聞きしていますが、街の保険ショップで加入された方にはある傾向が見受けられます。

限られた保険会社の、ある特定の商品に加入しているのです。実際には、不人気な保険会社であったり、手数料が高めの会社や割高な商品をすすめられている傾向が見えてくるのです。

中立に、そして公正に商品選びをしてくれるとは限らないのです。

最近では、そういった保険ショップや保険代理店への規制も強化されはじめていますが、自分のお金を守るためにも私たち自身が基礎知識をつけて賢くなっておくべきではないでしょうか。

公的サービス使いこなしガイド

どれほどきちんと備えていても、不測の事態ということは起こりえます。まして老後は体験したことのないステージです。

もうやっていけない、このままでは住むところがなくなってしまう…そんな困った状況におちいっても、手立てはあります。

困ったときはこれからご紹介する公的サービスの利用を検討してみてください。

生活保護以外にもさまざまな支援サービスがあるのです。どのようなサービスがあるかわからないという場合、まず地元の自治体に相談してみましょう。

誰にも相談せずに孤独に悩むのだけは避けてください。迷惑をかけたくないなんて思わないこと。困ったときはお互いさまです。

家賃補助制度

自治体によっては公営住宅を運営しているほか、家賃を補助する制度を設けているところもあります。

いずれも収入により家賃負担額もしくは補助支給額が異なります。補助額は、5000～1万円という設定のある自治体や、所得から基準負担額を算出し契約家賃との差額分を補助として支給される制度を採用している自治体もあります。

高齢者向けにバリアフリー仕様だったり、ケア付きの賃貸住宅を扱っている場合も多くなってきました。

高齢者向けの住宅の家賃は、単身で1万5400円～3万300円、二人世帯で2万2100円～4万3400円（例：東京荒川区）ほどです。各自治体や家族構成、収入により異なります。入居は抽選で、倍率は6倍程度から400倍近くまでと幅がありますが、高齢者優遇措置があり、優先的に入居しやすい配慮がされている物件もあります。老後生活で家賃が不安になったら、まずは各自治体に相談してみるとよいでしょう。

生活福祉資金貸付制度

生活費が足りないときは、お住まいの地区の民生委員、または社会福祉協議会に相談のうえ、「生活福祉資金貸付制度」を利用することも検討しましょう。低所得、障害者、高齢者の世帯などに、生活自立、安定を目的に低利子（年 1.5%）で、または保証人がいれば無利子で生活資金を貸し付けてくれます。

高齢者の場合は、療養や介護を必要とする 65 歳以上の高齢者がいて、一定収入以下の世帯であるという条件があります。また、銀行やほかの公的機関で貸付を受けることができないということも、この制度の利用条件の一つです。

ただし、返済の見込みがないと、せっかく借りてもその後返済のためにかえって困窮するという結果におちいります。この制度の利用については最初によく検討することが必要です。

老人福祉手当・寝たきり高齢者福祉手当

65 歳以上で在宅で認知症である方、寝たきりの方を対象に自治体が支給するものです。

条件は各自治体により異なり、名称も異なる場合があります。千葉県成田市を例にあげると、3年以上継続して市内に住んでいて、6ヶ月以上介護の対象になっている人に対し、月額1万 2,000 円支給されます。

これは高めの金額ですが、多くは月額 5000 ～ 1万円前後の補助を受けられます。

また、鹿児島市を例にあげると、手当のほか、理髪を年3回無料でしてもらえたり、紙おむつ代の補助があったりと充実しています。長寿支援がしっかり整っている自治体も増えてきているようです。

たとえば近隣の自治体が高齢者福祉に積極的ならば、あえてそのような自治体を住みかとして選ぶことも選択肢の1つですね。

老人介護手当

65 歳以上で寝たきりの方、認知症の人を介護している方を対象に支給されます。鹿児島県の例を見ると、半年以上寝たきりの 65 歳以上の方がいる場合、介護者の労をねぎらうという意味も含め、年額９万円。自治体によって金額が異なりますが自分はもらい忘れがないか調べてみましょう。わからなければ、役所に直接、話を聞きに行くのも大切です。

医療費控除

施設や老人病院に 65 歳以上の方が入院または入所した場合、その料金は介護にかかる費用と、医療にかかる費用の２つの費用から成り立ちます。入所＆入院した人と扶養関係にあり、年間医療費部分が 10 万円以上かかれば、医療費控除を受け、税金が戻ってくる可能性があります。この 10 万円の金額には、家族全員分の医療費を合算できます。この控除を受けるには確定申告の手続きが必要です。

交通費の助成

高齢者向けのバスの無料券である「敬老パス」はよく知られていると思いますが、実はタクシー利用にも助成があります。

利用には 65 歳以上で要介護認定を受けているということ、ほかに住民税非課税で自動車を所有していないという条件があります。ちなみに、入院中や施設入所中は利用できません。

助成も自治体により異なり、無料乗車が年数回と決められているところもあれば、一回の乗車料金の何割かを助成するという決まりがあるところもあります。

無料バスとタクシーを選択させたり、電車・バス・タクシーの IC カードやプリペイドカードへの助成をおこなったりする自治体もあります。

年齢や条件もそれぞれ異なるため、詳細は、お住まいの自治体に問い合わせてみてください。

生活保護

生活保護の受給には厳しい条件があります。ただ、本当に困ったとき、家や保険、その他財産をあてがっても生活が苦しくなるような場合は、迷わず申請していいのです。生活保護を受けられる最低条件は、援助してくれる親類などがいない、家や車、貯蓄などの資産がない、働くことができない、などがあります。

年金をもらっていても、最低生活費との差額を受給できることがありますが、年金を担保にしたローンを利用してお金を借りてしまうと、それが所得ととらえられて生活保護費の返還を求められるケースもあるので注意しましょう。

単身者世帯では、もらえる生活保護費は 10 万円に満たないこともあります。

現状では生活保護費受給者の半数が高齢者とも言われており、介護の必要度や身体状況によっては公的施設に入居できる可能性もあります。地元の自治体に相談してみましょう。

おわりに　楽しい老後を送るために

お金というものは難儀なものですね。

まったくないと生活できませんし、でもこれだけあれば充分、というようなものでもありません。お金と上手につきあっていくのは本当に難しいものです。

長引く不景気による雇用の不安定・収入減少が常態化している日本社会においては、なおさらです。

少子高齢化社会が猛スピードで進んでいくなか、年金だけではますます暮らしが厳しくなっていく状況を見据えて、本書ではコツコツ貯金やゆるく続ける就労、保険や公的サービスの使いこなし方など、主体的に老後に向き合っていく姿勢やテクニックをご紹介しました。

一方で、消えた年金問題など、年金減少や社会サービスの低下は必ずしも不可抗力で起きていることだけではありません。制度そのものや政治に問題があることも多々あるのではないかと私は考えています。

私たち一般市民にできるのは、受け身ではなく能動的に自分の老後生活を作り上げていくこと、そして世の中の動きに敏感になり、この国をよくする政策を選んでいくことではないかと思うのです。ちょっと堅苦しい話になりましたが、自分の老後だけでなく次世代のことまで考える姿勢を持ち続けたいものです。

最後になりましたが、いつも応援してくださる読者のみなさん、相談者のみなさん、ありがとうございます。執筆を強力にサポートしてくれる弊社の社員、そして大切な6人の我が子と妻にもあらためて御礼を伝えたいと思います。

お金のことで悩む方が減り、一人でも多くの方が満足感の高い人生を過ごされることを祈っています。

横山光昭

実はそんなに怖くない！

ラクラク年金生活入門

発行日　2016年3月10日　第1刷

Author　横山光昭
Book Designer　寄藤文平＋新垣裕子（文平銀座）
Illustrator　有限会社ムーブ

Publication　株式会社ディスカヴァー・トゥエンティワン
〒102-0093　東京都千代田区平河町2-16-1 平河町森タワー11F
TEL　03-3237-8321（代表）
FAX　03-3237-8323
http://www.d21.co.jp

Publisher　干場弓子
Editor　石橋和佳

Marketing Group
［Staff］小田孝文　中澤泰宏　片平美恵子　吉澤道子　井筒浩　小関勝則　千葉潤子
飯田智樹　佐藤昌幸　谷口奈緒美　山中麻吏　西川なつか　古矢薫　米山健一
原大士　郭迪　松原史与志　蛯原昇　安永智洋　鍋田匠伴　榊原僚　佐竹祐哉
廣内悠理　伊東佑真　梅本翔太　奥田千晶　田中姫菜　橋本莉奈　川島理
倉田華　牧野類　渡辺基志
［Assistant Staff］俵敬子　町田加奈子　丸山香織　小林里美　井澤徳子　藤井多穂子
藤井かおり　葛目美枝子　竹内恵子　清水有基栄　川井栄子　伊藤香
阿部薫　常徳すみ　イエン・サムハマ　南かれん　鈴木洋子　松下史

Operation Group
［Staff］松尾幸政　田中亜紀　中村郁子　福永友紀　山﨑あゆみ　杉田彰子　安達情未

Productive Group
［Staff］藤田浩芳　千葉正幸　原典宏　林秀樹　三谷祐一　大山聡子　大竹朝子
堀部直人　井上慎平　林拓馬　塔下太朗　松石悠　木下智尋　鄧佩妍　李瑋玲

Proofreader　文字工房燦光
DTP　アーティザンカンパニー株式会社
Printing　株式会社シナノ

ISBN978-4-7993-1832-4